COURS
SUR LE TRACÉ
ET LA
[illegible]STRUCTION
DES BATTERIES
DE TOUTE ESPÈCE,

EXTRAIT

[illegible] PUBLIÉ PAR LE COMITÉ D'ARTILLERIE,

ACCOMPAGNÉ D'UN ATLAS.

A METZ,

[illegible]RONNAIS, Imprimeur-Libraire-Lithographe et Éditeur, rue des Jardins, n. 14

A STRASBOURG,

[illegible]LEVRAULT, Imprimeur-Libraire, rue des Juifs.

1834.

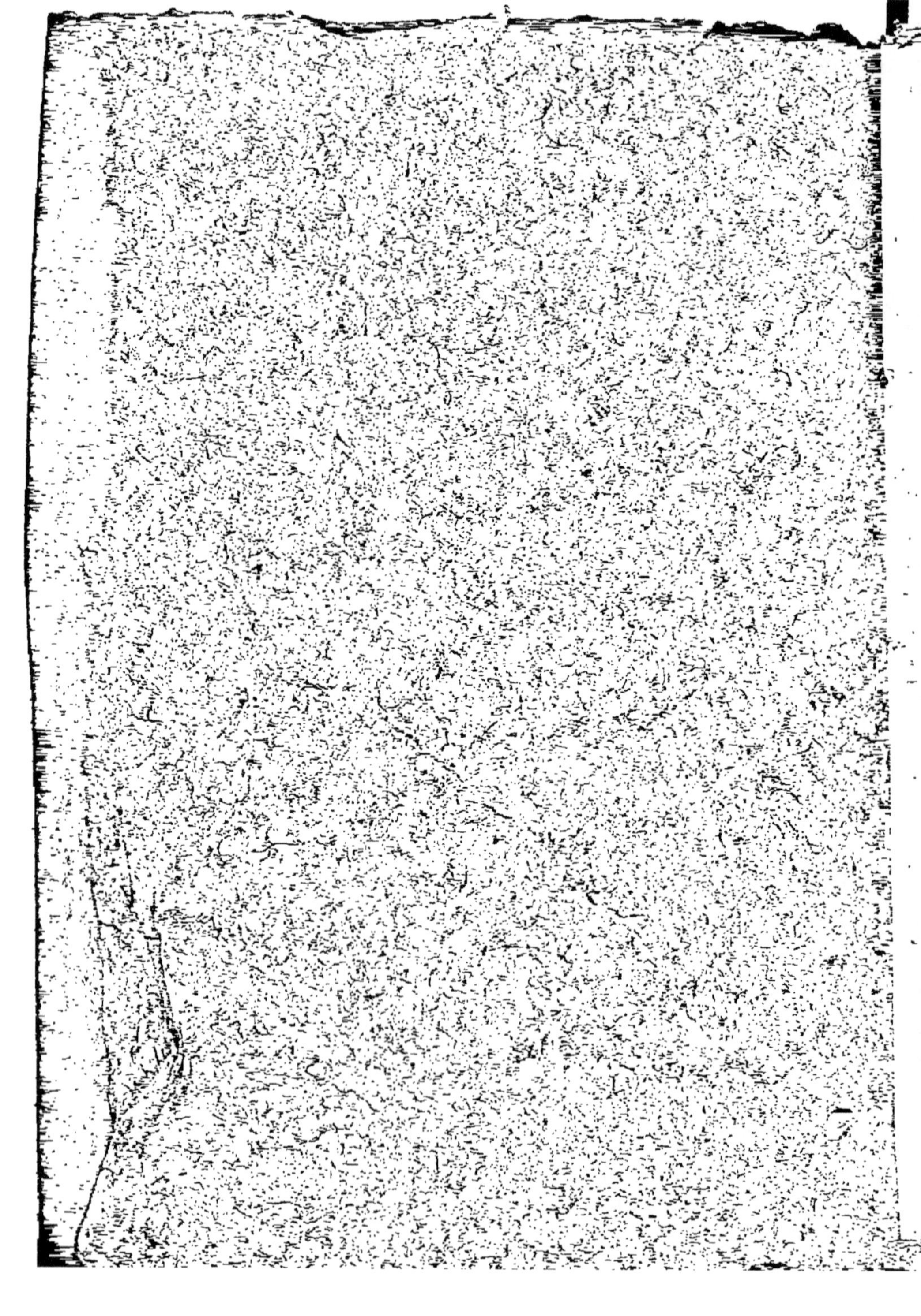

COURS
SUR LE TRACÉ
ET LA
CONSTRUCTION
DES BATTERIES
DE TOUTE ESPÈCE.

COURS
SUR LE TRACÉ
ET LA
CONSTRUCTION
DES BATTERIES
DE TOUTE ESPÈCE,

EXTRAIT

DE L'OUVRAGE PUBLIÉ PAR LE COMITÉ D'ARTILLERIE.

A METZ,
Chez VERRONNAIS, Imprimeur Libraire-Lithographe et Editeur, rue des Jardins, n. 14.

A STRASBOURG,
Chez F. LEVRAULT, Imprimeur-Libraire, rue des Juifs.

1834.

AVERTISSEMENT.

L'AUTEUR de cet Extrait n'a pas prétendu faire un livre. Il l'avait composé pour son usage, et ce n'est que pour éviter un pareil travail à ses camarades, qu'il s'est décidé à le publier. Ils pourront le consulter avec confiance. L'ouvrage du comité a été suivi scrupuleusement; quelquefois même on l'a copié textuellement.

METZ, 15 Octobre 1834.

COURS

SUR LE

TRACÉ ET LA CONSTRUCTION

DES BATTERIES DE TOUTE ESPÈCE,

A L'USAGE DE L'ARTILLERIE.

DÉFINITIONS PRÉLIMINAIRES.

Objet du cours.

1. On désigne dans l'Artillerie sous le nom de batteries une ou plusieurs bouches à feu réunies soit pour tirer sur des troupes, soit pour détruire des ouvrages ou des travaux ennemis. Lorsque les bouches à feu sont placées derrière un abri, la batterie prend le nom de batterie permanente; on l'appelle batterie mobile, quand elle n'offre que la réunion de bouches à feu de campagne, attelées de chevaux, qui sont destinées à suivre les mouvemens des armées, et à être transportées rapidement partout où les besoins du service l'exigent.

On donne aussi le nom de batteries aux

emplacemens préparés pour recevoir les bouches à feu, et les abriter du feu de l'ennemi. On ne s'occupera ici que de ces dernières. L'exposition des règles pour leur tracé et leur construction sera l'objet spécial de ce cours.

2. Les batteries prennent des noms et des formes divers, suivant l'usage auquel on les destine. Ainsi on les distingue: 1.° en batteries de siège, de place, de côte et de campagne. Ces différentes batteries peuvent être à barbette, à embrasure, à rédan, et blindées.

Une batterie est à barbette, lorsque les bouches à feu sont élevées de manière à tirer par-dessus le parapet et sans embrases.

Toute batterie est à embrasure, lorsque les bouches à feu tirent par une ouverture pratiquée dans le massif qui leur sert d'abri. Cette ouverture se nomme embrasure, et le massif qui sépare deux embrasures contiguës, se nomme merlon.

Une batterie est à redan, lorsque la masse couvrante est dirigée suivant plusieurs lignes droites, formant entre elles des angles.

Une batterie est blindée, lorsque les

bouches à feu et les canonniers sont placés sous un blindage en charpente qui les couvre contre les feux verticaux.

2.° En batteries de canons, d'obusiers, de mortiers et de pierriers.

3.° En batteries de plein fouet et à ricochet: on appelle batteries de plein fouet celles dont les bouches à feu doivent être tirées de manière que les projectiles frappent directement l'objet à battre; et batteries à ricochet, celles dont les bouches à feu doivent être tirées de manière que les projectiles parviennent au but par des bonds successifs.

4.° En batteries directes, d'enfilade, d'écharpe et de revers. Elles sont directes, lorsqu'elles battent perpendiculairement la face d'un ouvrage ou le front d'une troupe; d'enfilade, lorsque leurs projectiles parcourent la longueur de quelques parties des ouvrages de fortification, du front d'une troupe ou d'une colonne, sur lesquels ils sont dirigés; d'écharpe, lorsque la direction de la batterie est comprise entre les deux dont il vient d'être question, et enfin de revers, lorsque la batterie voit par-derrière la face d'un ouvrage ou une troupe en bataille ou en colonne.

PROFIL DE L'ÉPAULEMENT.

Nomenclature.

3. Toute batterie devant présenter un abri pour les bouches à feu et les canonniers destinés à la servir, doit généralement être composée d'une masse couvrante et précédée d'un fossé pour fournir les terres nécessaires à sa construction. Il peut arriver que la masse couvrante soit en maçonnerie, ou en toute autre matière que l'on est obligé d'employer : alors il n'y a pas de fossé ; mais le plus souvent elle est en terre. On lui donne le nom d'épaulement. Si la batterie est construite dans un ouvrage de fortification, le parapet de l'ouvrage sert d'épaulement.

4. On déduit du principe posé plus haut la forme générale du profil d'une batterie. Voici la nomenclature de ses différentes parties :

Planche 1, figure 1.

AB est le terre-plein de la batterie. C'est l'emplacement des bouches à feu et des canonniers.

BCDE est le profil de l'épaulement.

CB est le talus intérieur; bb' le pied du talus.

CD est la plongée; cc' est la crête intérieure; DD' la crête extérieure. DE est le talus extérieur; EF la berme; ee' le pied du talus extérieur. F est le sommet de l'escarpe; I est le sommet de la contrescarpe; FG est le talus d'escarpe; IH celui de la contrescarpe; GH le fond du fossé. gg' est le pied de l'escarpe; hh' le pied de la contrescarpe. IK est le glacis.

Discussion du profil de l'épaulement.

5. Les divers élémens du profil de l'épaulement dépendent à la fois de l'espèce des bouches à feu qui doivent armer la batterie et des autres moyens que l'on a à sa disposition. Ainsi ils varieront: 1.° suivant la qualité des terres; 2.° selon la nature de l'attaque que la batterie est censée devoir éprouver; 3.° selon la durée présumée de son

utilité ; 4.° selon le temps et les ressources que l'on a pour sa construction.

Hauteur de l'épaulement.

6. La hauteur de la crête intérieure de l'épaulement doit être assez grande pour mettre à couvert des feux de l'ennemi les hommes placés aux extrémités des plates-formes ou du terre-plein les plus éloignées du talus intérieur. La hauteur de 2 ^{m}, 30 remplit le plus généralement cette condition. Toutefois, si elle était insuffisante, on l'augmenterait jusqu'à ce que le point le plus dangereux de la batterie se trouvât défilé.

Epaisseur de l'épaulement.

7. L'épaisseur de l'épaulement dépend de la qualité des terres et de l'espèce de projectiles auxquels il doit résister. On sait par expérience que l'enfoncement des projectiles dans des terres ordinaires, aux distances où l'on tire le plus souvent le canon, et à la charge du tiers du poids du boulet, est de

Pour les pièces	de 4 —	1^{m}, 00 à 1^{m}, 60
	8 —	2^{m}, 00 à 2^{m}, 50
	12 —	2^{m}, 60 à 3^{m}, 10
Pour les gros calibres		3^{m}, 50 à 4^{m}, 00.

D'après ces données, l'épaisseur de l'épaulement doit être égale au maximum de pénétration des projectiles, augmenté d'une quantité suffisante pour résister à l'ébranlement produit par leur choc répété.

On obtient ce résultat en donnant à la partie supérieure de l'épaulement l'épaisseur indiquée par le tableau suivant, dans lequel on a supposé que la qualité des terres est divisée en trois classes principales.

		TERRES		
		Fortes	Ordinaires.	Légères.
Epaisseur de la partie supérieure de l'épaulement capable de résister aux effets du canon	de gros calibre.	5^{m}	6^{m}	7^{m}
	de campagne.	3	3, 50	4

Plongée.

8. La plongée est ordinairement inclinée de l'intérieur à l'extérieur pour faciliter l'écoulement des eaux. Dans ce cas-là, l'inclinaison est au 27me : ce qui fait $0^{m}, 22$ pour une épaisseur de 6^{m}. Lorsque l'on doit tirer par-dessus la plongée, on l'incline au

6.me, c'est-à-dire de 1^m pour une épaisseur de 6^m. Cette dernière inclinaison est un peu plus grande que celle sous laquelle peuvent tirer les canons ou obusiers montés sur affûts ordinaires.

Talus intérieur.

9. L'épaulement est soutenu intérieurement par un talus qui a ordinairement 2/7 de base sur 1 de hauteur. Cette inclinaison a pour but de résister à la poussée des terres et à l'ébranlement produit par le choc des projectiles.

Talus extérieur.

10. Quant au talus extérieur, il est tenu au talus naturel des terres, c'est-à-dire 3/2 de hauteur sur 1 de base pour les terres fortes, 1 de hauteur sur 1 de base pour les terres moyennes, et 2 de hauteur sur 3 de base pour les terres légères, pour qu'il ne s'éboule pas par le choc des projectiles.

Berme.

11. La berme est l'intervalle qui sépare le pied du talus extérieur du sommet de l'escarpe. Elle facilite la construction de l'ouvrage, surtout dans les terres légères, en

les empêchant de s'ébouler dans le fossé à mesure qu'on les jette. Mais comme elle forme un relai qui peut devenir favorable aux assaillans, il serait bon de la couper après la construction de l'ouvrage. On lui donne 1^m de largeur.

Fossé.

12. Quoique le principal objet que l'on se propose en creusant un fossé, soit de se procurer les terres suffisantes pour former l'épaulement, il n'en contribue pas moins efficacement à la défense de la batterie, et peut dans certains cas devenir indispensable. La surface de son profil doit être calculée de manière qu'il fournisse les terres nécessaires pour former la masse de l'épaulement. Sa profondeur doit être limitée à 2^m, 60, parce que c'est la plus grande hauteur à laquelle un homme puisse facilement jeter les terres avec la pelle, dans un travail suivi. Quant à la largeur du fossé, elle se déduira de la première condition, comme nous allons le montrer.

Talus d'escarpe.

13. On doit faire le talus d'escarpe aussi

raide que possible. On lui donnera une base égale aux 2/3 de celle du talus naturel des terres.

Talus de contrescarpe.

On donnera au talus de contrescarpe une base égale à la moitié de celle du talus naturel des terres.

Calcul des déblais et des remblais.

14. Nous avons posé en principe que le fossé devait fournir les terres nécessaires à la masse de l'épaulement. Désignons donc par E le volume de l'épaulement, par F celui du fossé, et représentons par $\frac{1}{m}$ le foisonnement des terres; on aura évidemment:

$$(1) \qquad E = F + \frac{F}{m} = F\left(\frac{m+1}{m}\right)$$

Mais on sait qu'un volume quelconque est égal à la surface de son profil multipliée par la longueur du chemin que parcourt son centre de gravité. En désignant par S la surface du profil de l'épaulement, par s celle du profil du fossé, et par L et l les longueurs du chemin que parcourt le centre de gravité, on aura:

(2) $E = SL, \quad F = sl;$

d'où en substituant dans l'équation (1)

$$SL = sl\left(\frac{m+1}{m}\right)$$

et par conséquent

(3) $$s = S\frac{L}{l}\,\frac{m}{m+1}$$

Dans cette expression, on connaît S, L et m; on connaîtrait donc aussi s si l était connu : mais on obtiendra une approximation suffisante en prenant la ligne milieu du fossé.

Planche 1, figure 1.

Maintenant soit y la profondeur du fossé, x sa largeur, λ l'angle du talus naturel des terres, les talus d'escarpe et de contrescarpe étant déterminés comme il a été dit n.° 13, on aura pour la surface du fossé :

(4) $$s = y\left(x - \frac{7}{12}\,y \cot \lambda\right)$$

d'où l'on tirera

(5) $$x = \frac{7}{12}\,y \cot \lambda + \frac{s}{y}$$

Nous avons limité la grandeur de y à $2^m,60$. On pourra adopter une valeur moindre. Mais comme il importe pour la défense que le fossé soit assez profond, on ne lui donnera pas moins de 2^m. On aura alors la plus grande valeur de x. Si l'on prend $y = 2^m,60$, on aura la plus petite.

$$\text{Valeur maximum de } x = \frac{7}{6} \cot \lambda + \frac{s}{2}$$

$$\text{Valeur minimum de } x = \frac{9.10}{6} \cot \lambda + \frac{s}{2,60}$$

Si au lieu de se donner la profondeur du fossé, on se donnait la largeur, on aurait à résoudre l'équation du 2.e degré :

$$(6) \qquad s = x y - \frac{7}{12} y^2 \cot \lambda ,$$

d'où l'on tirerait

$$(7) \quad y = \frac{6}{7} \operatorname{tg} \lambda \left(x - \sqrt{x^2 - \frac{7}{3} s \cot \lambda} \right)$$

En prenant le signe —, parce que y diminue quand x augmente, et réciproquement. Comme y ne saurait être plus grand que

$2^m,60$, il faut choisir la valeur de x de manière que cette condition se trouve remplie; dans le cas contraire, on serait obligé d'augmenter la largeur jusqu'à ce que l'on arrivât à cette profondeur.

Discussion de l'équation.

La valeur de y contenant une quantité soumise à un radical du deuxième degré, ne saurait être réelle qu'autant que l'on aura:

$x > \sqrt{\left(\frac{7}{3} s \cot \alpha\right)}$. D'un autre côté, on a vu plus haut que la plus grande valeur de x était $\frac{7}{6} \cot \alpha + \frac{s}{2}$; on aura donc deux limites entre lesquelles cette quantité se trouvera comprise.

On voit donc par l'équation (7) que la plus petite valeur de x est $\sqrt{\left(\frac{7}{3} s \cot \alpha\right)}$

Comme cette dernière est plus petite que celle trouvée plus haut, on considérera la première comme le véritable minimum.

Planche 1, figure 2.

C'est d'après ces formules que l'on a construit les profils de la planche I. La surface de l'épaulement se calcule au moyen de celle des deux triangles B C d, c D d.

TRACÉ DES DIFFÉRENTES BATTERIES.

15. La forme générale et les dimensions du profil de l'épaulement une fois déterminées, il reste à le disposer pour recevoir les bouches à feu qui doivent composer l'armement de la batterie. Ces bouches à feu peuvent être de gros calibre ou de calibre de campagne, par conséquent montées sur affûts de siège, de place et côte, ou de campagne. Dans tous les cas, les batteries peuvent être à barbette, à embrasure, à redan, ou blindées.

Occupons-nous successivement du tracé de ces différentes batteries.

Batteries à barbette. — Pl. 2, fig. 1, 2 et 3.

16. On appelle barbette l'élévation du sol de la batterie au-dessus du terrain naturel,

qui permet de tirer par-dessus l'épaulement; et genouillère, l'abaissement du même sol au-dessous de la crête intérieure. La genouillère varie avec les différens calibres ou plutôt avec leurs affûts. Pour les affûts de siège, elle est de 1^{m},19; pour ceux de place et côte nouveau modèle, elle est de 1^{m},50, et enfin de 0^{m},80 pour ceux de campagne.

Figure 4.

L'intervalle entre deux pièces est de 6^{m} pour les gros calibres, et de 5^{m} pour ceux de campagne. La longueur de la barbette est de 6^{m}, et la largeur de 8. Le terre-plein est tenu horizontal : on le raccorde avec celui de la batterie par des talus à 45°, et par une rampe de 3^{m} de largeur, inclinée au 6.e Comme les barbettes sont destinées à donner aux bouches à feu un plus grand champ de tir, on les place ordinairement aux saillans des ouvrages de fortification; voici le tracé pour une pièce: on inscrit dans l'angle des deux faces un pan coupé de 3^{m},30; à partir de ce pan coupé, on porte sur la capitale une longueur de 8^{m}; à ce point on élève une perpendiculaire à la capitale, et de chaque côté de la perpendiculaire on porte $1^{m},65$. A partir de chaque extrémité de cette longueur, on abaisse sur la face de l'ouvrage des perpendiculaires qui limitent l'étendue de la barbette. On raccorde le terre-plein avec celui de l'ouvrage par des talus à 45°, et l'on y monte par une rampe de 3^{m} de largeur, placée en capitale et inclinée au 1/6.

Figure 5.

S'il doit y avoir trois pièces, on mène des parallèles aux dernières lignes que nous avons tracées à 6^{m} de distance, et l'on prend sur ces parallèles, à partir du pied du talus intérieur, une longueur de 8^{m}. On joint les extrémités par une droite qui limite le terre-plein de la barbette. On le raccorde avec les talus de l'ouvrage par des talus à 45°, et l'on y monte par deux rampes de 3^{m} de largeur, inclinées au 6e, que l'on place de chaque côté de la capitale.

La crête intérieure de la barbette est tenue horizontale dans l'étendue de la barbette. Le raccordement de la plongée se fait par un talus à 45°.

Comme la genouillère de $1^m,50$, qui convient, en général, aux pièces montées sur affûts de place, ne permet pas de tirer au 6e, on abaisse cette quantité jusqu'à $1^m,40$, afin d'obtenir ce résultat. Dans ce cas, le sol de la barbette se trouve à la même hauteur que la première banquette, dans les ouvrages de fortification permanente.

Si l'on fait usage de l'affût de place nouveau modèle, comme il est beaucoup plus étroit que celui du modèle Gribeauval, il suffit de donner 4^m de largeur, au lieu de 6, à l'espace nécessaire pour les pièces à mettre en batterie sur les faces.

Calcul du volume d'une barbette.

17. Le volume d'une barbette dépend de l'angle des deux faces et du nombre de pièces qu'elle doit recevoir. Si l'on suppose que cet angle est de 90°, et que la barbette ait trois pièces et les dimensions ci-dessus, son volume, y compris celui des rampes, est de $287^{m.cc}$.

Embrasure.

18. Une embrasure est une ouverture pratiquée dans l'épaulement pour donner passage à la volée de la pièce.

On appelle directrice de l'embrasure la droite qui la partage symétriquement. L'embrasure est directe ou oblique, suivant que cette droite est perpendiculaire ou oblique à la crête intérieure.

Dans toute embrasure, on distingue la genouillère, l'ouverture intérieure, l'ouverture extérieure, les joues.

Genouillère.

19. La genouillère est la partie du talus intérieur comprise depuis son pied jusqu'à l'entrée de l'embrasure. Sa hauteur doit être telle, que la volée du canon puisse entrer dans l'embrasure et en sortir sans que le bourrelet touche la partie supérieure de la genouillère, quelle que soit l'inclinaison du tir. Elle est ordinairement de $1^m,19$ dans les batteries de siège de plein fouet, et de $1^m,33$ dans les batteries à ricochet dont le fond de l'embrasure est incliné de l'extérieur à l'intérieur.

Dans le premier cas, la profondeur de l'embrasure est de $1^m,06$, et dans le deuxième, elle n'est que de $0^m,92$, si le parapet a $2^m,30$ de hauteur. Ces quantités seraient $1^m,26$ et

1^{m},12, dans le cas où le parapet aurait 2^{m},50 de relief.

20. En donnant 0^{m},32 de profondeur aux embrasures des pièces montées sur affûts de place, la crête de l'épaulement se trouvera à 1^{m},82 au-dessus du terre-plein : hauteur qui, à la rigueur, est suffisante pour mettre les canonniers à l'abri des feux directs de l'assiégeant, surtout lorsque ces feux sont dirigés de bas en haut, ce qui a généralement lieu. Dans le cas contraire, il faudrait augmenter la profondeur des embrasures, de manière que les canonniers placés à l'extrémité de la plate-forme la plus éloignée de l'épaulement, fussent défilés des feux de l'assiégeant. On voit par là que l'embrasure pour affût de place est, dans tous les cas, de 0^{m},60 moins profonde que celle pour affût de siège; d'où il suit que le parapet est moins affaibli par les vides des embrasures, que les canonniers sont mieux couverts, et que les embrasures se conservent mieux.

Planche 4, fig. 1.

21. Les affûts de place ont encore la propriété essentielle de pouvoir fournir immé-

diatement un champ de tir plus étendu que les affûts de siège, et de conserver plus facilement une direction déterminée : avantage précieux lorsque le but change très-peu de position, parce qu'il en résulte moins de peine pour mettre en batterie, et plus de justesse dans le tir. Mais ils ont l'inconvénient d'être plus en prise au ricochet. Néanmoins, on a jugé que ce défaut est plus que compensé par les avantages que les premiers ont sur les derniers, et c'est ce qui leur a fait donner la préférence pour l'armement des places.

22. La genouillère des pièces de campagne est de $0^{m},80$; par suite, la profondeur de l'embrasure est de $1^{m},45$.

Ouverture intérieure, pl. 3, fig. 1.

23. L'ouverture intérieure pp' n'a que la largeur nécessaire pour recevoir le canon ou l'obusier auquel elle est destinée, dans les différentes directions que l'on peut avoir besoin de lui donner, et pour découvrir le moins possible l'intérieur de la batterie. Elle est de $0^{m},48$ pour les canons de campagne, et de $0^{m},54$ pour les pièces de gros calibre ;

pour les obusiers, elle est de 0^{m},80, à cause du grand diamètre de ces bouches à feu et de leur peu de longueur. Pour les pièces sur affût de place, elle est de 1^{m},00.

Ouverture extérieure.

24. L'ouverture extérieure doit avoir la largeur nécessaire pour que le champ de tir de la pièce ait l'étendue convenable sans que les joues soient dégradées. Or, on obtient ce résultat en la prenant égale à la moitié de la longueur du fond de l'embrasure, mesure prise perpendiculairement à la directrice, quelle que soit son inclinaison, et les merlons ont une épaisseur suffisante. Les embrasures des pièces de place ont toutefois 4^{m},20 d'ouverture extérieure.

Le fond de l'embrasure est généralement incliné de 0^{m},027 par mètre ou de 1/37. La limite de cette inclinaison est au 6.e comme celle de la plongée.

Planche 9, fig. 5.

25. Dans les batteries à ricochet, on donne quelquefois au fond de l'embrasure une pente de 0^{m},105 par mètre, ou de 6° de l'extérieur à l'intérieur. Mais cette construction ne doit

s'employer que dans des circonstances particulières, parce que si d'un côté elle met à couvert les bouches à feu et les canonniers, de l'autre elle empêche de tirer contre les sorties et de plein fouet.

Joues des embrasures.

26. Les joues des embrasures sont les surfaces latérales qui raccordent le fond de l'embrasure avec la plongée. Elles coupent les talus intérieur et extérieur suivant des lignes droites que l'on peut considérer comme les directrices de la surface. Les premières, c'est-à-dire celles tracées sur le talus intérieur, sont parallèles entre elles et perpendiculaires au pied de ce talus, afin de ne découvrir que le moins possible les canonniers autour de la pièce. Quant aux autres droites, voici comment on les détermine : le fond de l'embrasure est une surface plane inclinée, comme on l'a dit plus haut, et terminée de part et d'autre par deux droites menées des extrémités de chaque ouverture intérieure et extérieure. Par chacune de ces deux droites, on mène des plans inclinés à un de base sur trois de hauteur, et l'on prend les points d'intersec-

tion de ces plans avec la crête extérieure. On joint ces deux points aux extrémités de l'ouverture extérieure, et l'on a la deuxième directrice.

En joignant les deux mêmes points aux extrémités de l'ouverture intérieure, on aura également une droite de chaque côté de la surface des joues. Cette droite et celle qui limite le fond de l'embrasure peuvent encore être considérées comme des directrices de la surface; d'où il suit que la surface gauche des joues peut être engendrée de deux manières différentes, et que l'on peut employer deux espèces de matériaux pour sa construction. Nous donnerons plus haut le tracé pratique.

Tracé des embrasures.

27. On a dit qu'une embrasure est directe ou oblique, suivant que la directrice fait un angle droit ou un angle aigu avec la crête intérieure de l'épaulement. Examinons successivement ces deux cas:

Embrasure directe, pl. 3, fig. 1.

Soit cc' la crête intérieure de l'épaulement que nous supposerons horizontale, LM la directrice. On déterminera d'abord le fond de l'embrasure de la manière suivante : la hauteur de la genouillère est connue ainsi que l'ouverture intérieure. On sait, en outre, que l'inclinaison du fond de l'embrasure doit être telle, que la pièce découvre bien l'objet à battre. On la fait généralement de 1/37 dans les écoles.

Cela posé, soit cl la hauteur de la genouillère ; par le point l on menera l'horizontale lm, et par le point m la droite mn qui marque le fond de l'embrasure ; à une distance ml de la crête intérieure, on menera une perpendiculaire à la directrice, et l'on portera de chaque côté de cette droite une longueur mp = mp' égale à la moitié de l'ouverture intérieure ; à une distance n'E du pied du talus extérieur, on menera une perpendiculaire à la directrice, et l'on portera, de chaque côté de cette droite, une longueur nq = nq' égale au quart de la longueur du fond de l'embrasure ou de mn. On joindra les points p, p' et q q'. Le quadrilatère ainsi formé sera le fond de l'embrasure.

Cela fait, on menera par les points p, p' les droites pr, p'r' perpendiculaires à la crête intérieure. Ce seront les traces des deux plans verticaux dont les intersections avec le talus intérieur doivent limiter l'ouverture intérieure. Enfin, on menera par les droites p q, p'q' deux plans inclinés à trois de hauteur sur un de base, et l'on déterminera les points s et s' où chacun de ces deux plans est percé par la crête extérieure. On joindra s, r, q et s', r', q'; et la position des quatre droites qui forment la surface des joues sera complètement déterminée.

Embrasure oblique.

Quand l'embrasure est oblique, si l'on s'imposait la condition que l'angle des joues de l'embrasure avec la directrice fût le même que lorsque l'embrasure est directe, il faudrait élever une perpendiculaire à la directrice, au point où cette droite rencontre le talus extérieur, et porter de chaque côté le quart de la distance de ce point au milieu de l'ouverture intérieure; mais comme l'obliquité de la directrice est généralement petite, on porte cette distance sur le côté extérieur de l'embrasure, comme dans le tracé de l'embrasure directe. L'embrasure oblique se trouve ainsi un peu plus resserrée que cette dermière, mais cette différence ne vaut pas la peine d'allonger le tracé. La plus grande obliquité de la directrice est déterminée par la condition que l'épaisseur du merlon à sa base soit au moins de 2^{m}: l'angle de la directrice avec une perpendiculaire au côté intérieur est alors de 9°. Si l'épaisseur du merlon était moindre, il faudrait augmenter la distance entre les pièces.

Planche 3, fig. 2.

28. Lorsque la crête de l'épaulement est inclinée, ce qui est le cas le plus général des ouvrages de fortification, il faut déterminer l'intersection du fond de l'embrasure avec le talus extérieur. On procède ensuite, comme dans le cas où la crête est horizontale, en déterminant de chaque côté l'intersection du plan à trois de hauteur sur un de base avec la crête extérieure.

Tracé des embrasures à ricochet.

29. Si la batterie est à ricochet, on trace les deux premières pièces parallèlement au prolongement de la face à ricocher. Si les directrices des autres pièces étaient tracées de la même manière, leur tir n'agirait

que sur le derrière du terre-plein de l'ouvrage, et ne produirait pas l'effet voulu; c'est pourquoi on les incline d'autant plus qu'elles sont plus éloignées du prolongement de la face à ricocher, afin de prendre son terre-plein à revers ou d'écharpe dans une plus grande longueur. En supposant que la batterie soit éloignée de l'angle flanqué de 360,300 ou 240 mètres, que l'intervalle entre les embrasures de milieu en milieu soit de 6^{m}, et la largeur de la partie supérieure de l'épaulement de 5^{m}, on obtiendra ce résultat en donnant aux intervalles compris entre les points d'intersection de chacune des directrices des 3e, 4e, 5e, 6e, etc. pièces, et de la précédente avec la crête extérieure de l'épaulement, les dimensions indiquées dans le tableau ci-après, qui indique aussi pour chaque distance de la batterie celles auxquelles les directrices passent du sommet de l'angle flanqué, et celles comprises entre ce point et ceux d'intersection des directrices avec la face à ricocher.

DISTANCE DE LA BATTERIE à l'angle flanqué de l'ouvrage.	NUMÉROS DES PIÈCES.	DISTANCE comprise entre les points d'intersection de la directrice de chaque pièce de la précédente avec la crête extérieure de l'épaulement.	DISTANCE à laquelle chaque directrice passe de l'angle flanqué de la face à ricocher.	Distance de l'angle flanqué de la face à ricocher aux points d'intersection de la directrice avec cette face.
360m	1 et 2	0 et 6m,00	0 et 6m,00	infinie
	3	5 ,85	1 ,71	60m,00
	4	5 ,93	2 ,57	60, 00
	5	5 ,93	3 ,43	60, 00
	6	5 ,93	4 ,28	60 ,00
300	1 et 2	6 ,00	6 ,00	infinie
	3	5 ,83	2 ,00	60 ,00
	4	5 ,92	3 ,00	60 ,00
	5	5 ,92	4 ,00	60 ,00
	6	5 ,92	5 ,00	60 ,00
240	1 et 2	6 ,00	6 ,00	infinie
	3	5 ,80	2 ,40	60 ,00
	4	5 ,90	3 ,60	60 ,00
	5	5 ,90	4 ,80	60 ,00
	6	5 ,90	6 ,00	60 ,00

Observations. En supposant que la longueur de la face à ricocher soit de 120m, on voit que les directrices iraient la rencontrer à son milieu.

Ces données suffisent pour faire dans chaque cas le tracé des directrices d'une manière très-approximative, lorsqu'on ne peut pas faire ce tracé à vue; mais cette dernière manière est préférable quand on peut l'employer.

30. Si l'obliquité de la directrice dépassait la limite fixée, la volée du canon n'entrerait plus assez dans l'embrasure, et ses joues seraient promptement détériorées. Dans ce cas, on brise l'épaulement pour donner au talus intérieur une direction perpendiculaire à la directrice, et on trace l'embrasure, en donnant à la perpendiculaire à la directrice le quart de sa longueur. La forme de ces batteries leur a fait donner le nom de batteries à redan : il est long et difficile de les construire, et par ce motif on ne le fait ainsi qu'en cas de nécessité absolue. D'ailleurs, les merlons sont d'autant plus faibles que l'embrasure est plus oblique, et c'est un des plus grands défauts de cette espèce d'embrasure.

Tracé d'une batterie à redan, pl. 3, fig. 3.

31. Soit AB la direction générale du pied du talus intérieur d'un épaulement, et ab, cd, ef les directrices, on élève des perpendiculaires à ces directrices de manière que gh, kl, et no aient 3^m de longueur ; on fait leur prolongement hi, lm et op aussi de 3^m, et les lignes gi, km et np formeront les côtés

intérieurs de l'épaulement de ces trois pièces, en joignant leurs extrémités contiguës par des lignes droites. La ligne brisée igmkpn sera le pied du talus intérieur de la batterie; le coté extérieur restera parallèle à AB.

Les batteries à redan sont très-utiles sur les courtines des fronts attaqués. Vauban les recommande en plusieurs endroits de son traité sur la défense des places. Cormontaingne est du même avis que lui sur leurs avantages.

Batteries blindées.

32. Il nous reste à parler des batteries blindées; mais nous ne placerons le détail de leur construction qu'à la fin de l'ouvrage, attendu que leur intelligence exige des notions que nous n'avons pas encore données.

Terre-plein.

33. La largeur du terre-plein est comprise depuis le pied du talus intérieur jusqu'à l'extrémité de la batterie; elle dépend de la grandeur des affûts, du recul et de l'espace qu'il convient de ménager en arrière pour les communications. On la fera connaître dans le tracé et la construction de chaque espèce de batterie.

34. Le terre-plein peut être au niveau du sol, au-dessus ou au-dessous. Examinons ces différens cas :

Le terre-plein peut être au niveau du sol : 1.° lorsque l'on ne peut creuser un fossé, et que la batterie doit être construite au moyen de terres rapportées, ou lorsque la promptitude d'exécution exigée a fait réunir à proximité de la batterie tous les matériaux nécessaires pour la faire le plus rapidement possible ; 2.° lorsque l'on doit conserver un commandement sur un point important, sur un obstacle ou un passage obligé de l'ennemi.

35. Le terre-plein peut être élevé au-dessus du sol: 1.° lorsque ce sol est marécageux ou susceptible d'être inondé ; 2.° lorsque du niveau du sol on ne peut bien apercevoir le but que l'on doit battre de plein fouet ; 3.° enfin, lorsqu'une batterie de côte doit être construite sur une plage plate, afin de se procurer un commandement et de soustraire la batterie à l'action du ricochet. La construction de ces batteries exige beaucoup de temps ; elle est d'ailleurs généralement peu solide : on doit donc l'éviter autant que possible.

36. Enfin le terre-plein peut être enfoncé

au-dessous du sol: 1° lorsqu'en l'établissant au niveau du sol, on ne peut battre assez bas le but, comme cela se présente quelquefois dans les batteries de brèche; 2° pour rendre la construction de la batterie plus prompte et plus facile, lorsque toutefois cet enfoncement ne saurait porter préjudice à l'action de la batterie. Car, dans ce cas, non-seulement la batterie est plus rapidement exécutée, mais encore on a l'avantage de tenir les travailleurs moins long-temps exposés au feu de l'ennemi, et d'avoir un épaulement plus solide, puisque la moitié des terres dont il est formé sont vierges.

Lorsque l'on adoptera cette construction, il faudra avoir soin de disposer la batterie de manière à faciliter l'écoulement des eaux: ce qui sera toujours possible.

En enfonçant ainsi le terre-plein des batteries de plein fouet, il pourra arriver souvent que les travaux d'attaque qui seront construits en avant, ou des obstacles naturels, masquent les objets qu'elles doivent battre: alors il y aura nécessité de ne pas l'enfoncer; mais cet inconvénient n'aura jamais lieu pour les batteries à ricochet.

Ainsi, on peut affirmer qu'il y a souvent un très-grand avantage à enfoncer le terre-plein des batteries, puisque, par ce moyen, elles sont plus promptement, plus solidement construites, et avec moins de chances de perdre des hommes : objet qu'on doit toujours avoir en vue dans les travaux de guerre.

Magasins à poudre.

37. On place ordinairement dans les batteries de siége, à 12 ou 15^{m} en arrière de l'épaulement, de petits magasins à poudre pour 2 ou 3 pièces au plus chacune, destinées à la consommation journalière et au chargement des projectiles creux. Mais ils sont exposés aux projectiles de l'ennemi tirés à petites charges, qui, après avoir rasé la crête de l'épaulement, arriveraient sous des angles de 8° et au-dessous. Il est préférable de les placer, autant que possible, en arrière et sur les côtés des batteries, ou dans les parapets de leurs communications avec les parallèles, de manière qu'ils soient en dehors des lignes de feu extrêmes que l'ennemi peut diriger sur ces batteries, et qu'ils en soient assez rapprochés pour que l'approvisionnement des bouches

feu puisse être fait avec facilité. Ce n'est donc que lorsqu'une batterie sera composée de plus de six pièces, qu'on sera obligé de placer des magasins en arrière des pièces du centre; alors, on les abritera le mieux qu'on pourra, et, dans tous les cas, il sera nécessaire que les communications de ces magasins à la batterie soient défilées le mieux possible des feux de l'ennemi.

On évitera également de les placer dans les retours ou traverses; car si le feu venait à prendre à l'un d'eux, la batterie serait exposée à être détruite.

Dans les batteries de brèche, on se contente de creuser à proximité des trous en terre, dans lesquels on puisse placer un ou deux barils ou chapes de barils à poudre, abrités le mieux possible des feux de l'ennemi. Mais alors les charges de poudre sont apportées toutes faites dans ces barils, au fur et à mesure des besoins.

—

TRACÉ SUR LE TERRAIN ET EXÉCUTION.

Batteries de siége.

38. On commencera par le tracé en terrain horizontal d'une batterie de plein fouet ou à ricochet, établie sur la direction d'un objet à battre, en supposant le terre-plein au niveau du sol. Le tracé des autres batteries ne diffère de celui-ci que par les dimensions.

Tracé de la batterie.

39. On trace d'abord le pied du talus intérieur, en menant, avec l'équerre d'arpenteur, au point désigné pour l'emplacement de la batterie, une perpendiculaire soit à la direction donnée, soit au prolongement de l'ouvrage à ricocher.

On a soin de faire bien exactement cette opération, parce que de sa justesse dépend celle du tir, qui est l'objet le plus important.

40. On marque sur cette ligne le point où doit commencer l'épaulement de la batterie : à 3^{m} en dehors de la direction donnée, pour que l'axe de la première pièce coïncide avec cette direction ; ou à 3^{m} en dedans ou

en dehors du prolongement de la face à ricocher, suivant que c'est celui de la crête extérieure et de la crête intérieure.

Si on avait le prolongement de la crête intérieure, on porterait les 3^{m} en dehors. Dans tous les cas, cette extrémité de l'épaulement est fixée de manière que l'axe de la première pièce se trouve dans le prolongement de la crête intérieure du parapet de la face de l'ouvrage à battre. Alors, en menant la directrice de la 2e pièce parallèle à la 1re à une distance de 6^{m}, les bouches à feu qui sont en batterie dans l'ouvrage se trouvent comprises entre le prolongement de ces deux directrices, et par conséquent les deux premières pièces de la batterie sont dans la position la plus favorable pour battre celles de l'ennemi.

41. On termine l'épaulement perpendiculairement au pied du talus intérieur. A partir du point où la directrice de la première pièce le rencontre, on porte sur sa direction autant de fois 6^{m} que la batterie doit recevoir de bouches à feu, et on termine l'autre extrémité perpendiculairement; on marque avec des piquets sur les deux retours, à partir du pied du talus intérieur et extérieurement, l'épais-

seur de l'épaulement à sa base, la largeur de la berme et celle des fossés, d'après la qualité des terres et les dimensions indiquées dans la table n.° 3. On forme ensuite l'encadrement de la base de l'épaulement et celui du fossé avec de la mèche tendue au moyen de piquets qui en déterminent les angles, ou avec des fascines à tracer, ou, encore mieux, en le marquant par des sillons creusés avec la pioche, suivant la mèche tendue.

Tracé des retours ou traverses et des communications.

42. S'il est nécessaire de construire une traverse, on la trace à l'extrémité de la batterie la plus rapprochée de l'ouvrage qui prend la batterie en rouage. On lui donne les dimensions indiquées à la table n.° 3. Les dimensions du fossé sont moindres que celles du fossé de la batterie, afin que les déblais aient lieu, autant que possible, à hauteur de l'emplacement qu'ils doivent occuper dans le remblai. On fait ensuite à chaque extrémité le tracé des deux communications de la batterie avec la parallèle devant laquelle elle se trouve, en ayant soin de les défiler des ouvrages de la place.

Pendant la construction, on trace les directrices des embrasures. On plante un piquet sur la crête extérieure de la batterie, dans l'alignement du piquet du milieu de l'ouverture intérieure de chaque embrasure et de l'objet à battre. On fait ensuite le tracé des joues des embrasures.

Exécution.

43. Le tracé étant terminé, il ne reste plus qu'à disposer les travailleurs de la manière la plus avantageuse pour une prompte exécution ; mais avant de déterminer le nombre et la disposition des travailleurs, nous allons exposer quelques données d'expérience qui nous serviront de base.

Données d'expérience.

44. La quantité de terre qu'un homme peut remuer dépend de l'espèce de terre qu'on rencontre. Pour juger de la difficulté de son travail dans chacune d'elles, on prend pour terme de comparaison la terre qui n'a pas besoin d'être piochée pour être déblayée, et qui peut être facilement enlevée à la pelle ou au louchet : on l'a appelée *terre à un homme,* parce qu'un homme peut en déblayer

environ 15 mètres cubes dans dix heures de travail.

Lorsque la terre est trop dure pour être enlevée à la pelle seulement, et qu'un piocheur et un pelleteur peuvent travailler ensemble sans interruption, on dit que *la terre est à deux hommes;* s'il faut deux piocheurs pour fournir la terre nécessaire au travail continu d'un pelleteur, on dit que *la terre est à trois hommes.*

Dans les travaux de guerre, on admet généralement comme résultat d'une longue expérience, que dans une terre qui n'exige pas l'emploi de la pioche, un homme peut déblayer 3 à 4 mètres cubes de terre en dix heures de travail; si la dureté du terrain exige l'emploi de la pioche, la quantité de terre qu'il extraira dans le même temps peut être réduite à 2^{m}, 2 cubes.

Nombre de travailleurs nécessaire à la construction d'une batterie.

45. Le nombre de travailleurs nécessaire pour construire une batterie de siège, dépend du nombre de bouches à feu dont elle doit être armée, du volume des remblais et de leur mode d'exécution. Dans un terrain or-

dinaire et horizontal, en tenant le terre-plein au niveau du sol, et prenant les terres de l'épaulement dans un fossé creusé en avant de la batterie, on emploie douze travailleurs par pièce : six sont placés dans le fossé, à 1^{m} de distance les uns des autres, pour arracher les terres et les jeter dans le coffre ou sur la berme : c'est le moindre espace qu'on puisse mettre entre eux ; trois autres sont placés sur la berme, à 2^{m} de distance, pour jeter les terres dans le coffre ; et enfin les trois derniers sont placés dans le coffre pour égaliser et damer les terres. Le nombre de travailleurs nécessaire pour un nombre N de canons est donc généralement 12 N (voir la table n.° 6). Ce nombre étant le même, quelle que soit la qualité des terres, la durée de la construction de la batterie varie suivant le plus ou moins de difficulté de l'excavation des remblais.

46. Si les extrémités de la batterie se raccordent à des communications avec la parallèle, il faut de plus à chaque extrémité cinq travailleurs, pour augmenter convenablement l'épaisseur des demi-merlons extrêmes, et les raccorder avec l'épaulement des communica-

tions. Si la batterie est terminée par des retours formant traverse, il faut pour chacun vingt travailleurs, dont douze placés dans le fossé, cinq sur la berme et trois dans le coffre; si l'un de ces retours se raccorde avec une communication, il en faut vingt-cinq, dont cinq pour faire le raccordement du retour avec la communication adjacente.

Si la batterie est hors de la parallèle, il faudra, pour faire les communications, un nombre de travailleurs égal au nombre de mètres courans que ces communications auront en longueur, afin qu'elles soient exécutées promptement.

Si le magasin à poudre doit être fait dans l'épaulement d'une des communications, les travailleurs chargés de la communication feront en même temps les mouvemens de terre nécessaires pour couvrir le magasin.

Temps nécessaire pour construire la batterie et son volume.

47. Dans un terrain ordinaire, il faut environ trente-six heures pour construire une batterie de l'espèce dont il s'agit, avec le nombre d'hommes par pièce dont il a été fait mention art. 45. Il est facile de s'assurer que

cela est d'accord avec les principes posés plus haut.

La presque totalité des terres est jetée par les trois pelleteurs placés sur la berme ; or, le volume de ce remblai étant de 76 mètres cubes environ, chacun des pelleteurs aura à déblayer 25^{m} cub. 33 ; et comme ils n'ont qu'à jeter dans le coffre les terres déjà arrachées qui se trouvent sur la berme, ils pourront facilement faire ce travail en 13 ou 14 heures. Le volume du fossé à déblayer étant de 68^{m} cub., la tâche de chacun des six travailleurs sera de 11^{m} cub. 33 ; et elle peut être faite en trente-six heures, à raison de 3^{m} cub. 10 par dix heures.

Le retour de la batterie, s'il y en a, pourra être fait dans le même temps avec les vingt travailleurs mentionnés à l'art. 39. En effet, le volume du fossé à déblayer est de 132^{m} cub., la tâche de chacun de ces douze travailleurs employés à ce déblai sera donc 11^{m} cub. ; et elle peut être faite en trente-six heures, à raison de 3^{m} cub. par dix heures. Ce fossé étant moins large et moins profond que celui de la batterie, les travailleurs pourront jeter plus de terre directement dans le coffre, et, par là, les travailleurs de la berme du retour, quoique plus espacés que ceux de la batterie, n'auront cependant que la même quantité de terre à jeter dans le coffre.

Batterie enfoncée.

48. Nous avons supposé que le terre-plein de la batterie était au niveau du sol. On procède de la manière suivante quand il est enfoncé.

49. On prend par pièce vingt-deux travailleurs. On en prend de plus huit pour renforcer convenablement les deux merlons extrêmes de la batterie, et fournir les terres nécessaires pour leur jonction avec le parapet des communications ; deux d'entre eux continueront l'excavation du fossé ; un sera placé sur la berme pour jeter les terres dans le coffre, et un dans le coffre pour former l'extrémité du demi-merlon et son raccordement avec le parapet de la communication. Ainsi, pour un nombre N de canons, le nombre de travailleurs serait de $22\,N + 8$, en supposant qu'il y ait une communication à chaque extrémité de la batterie. Il faudrait, en outre, le nombre de travailleurs nécessaire

pour faire les communications, ainsi qu'il a été dit à l'art. 46, et quatre ou huit de plus pour faire chacun des magasins à poudre, dans le cas où ils ne seraient pas dans le parapet des communications.

On place six travailleurs par pièce pour excaver le fossé; ils jettent les terres qu'ils en retirent dans le coffre, et quelques-uns d'entre eux montent, s'il est nécessaire, sur la berme pour la déblayer et jeter dans le coffre les terres qui peuvent s'y trouver.

Six travailleurs en première ligne, au pied du talus intérieur, s'enfoncent d'abord verticalement de 37 centimètres dans une étendue de 1^m de largeur sur 2^m de longueur, en commençant l'excavation sur la ligne qui indique le pied du talus intérieur, et ils jettent les terres dans le coffre; ils s'enfoncent ensuite de 37 autres centimètres pour compléter l'enfoncement du terre-plein.

Six travailleurs placés derrière eux commencent d'abord à excaver le terre-plein à l'autre extrémité, aussi dans une profondeur de 37 centimètres, et jettent les terres près des hommes de la première ligne, qui les prennent pour les jeter dans le coffre. Lorsqu'ils ont ainsi excavé le terre-plein dans sa largeur, en allant vers l'épaulement, ils s'enfoncent de la même manière de 37 autres centimètres.

Quatre hommes sont placés dans le coffre pour aplanir et damer les terres, deux du côté du talus intérieur, et deux du côté de la berme.

On donne au terre-plein une pente générale de 10 centimètres de l'avant à l'arrière. Une rigole fait écouler les eaux hors de la batterie d'autant plus facilement, que le terre-plein n'étant que de 74 centimètres au-dessous du sol, se trouve plus élevé que le fond des communications de 26 centimètres.

Dans les batteries de plein fouet, on donne 6^{m} d'épaisseur à la partie supérieure de l'épaulement, afin que les merlons aient une consistance suffisante.

Tracé et construction d'une batterie dans une parallèle.

50. Le tracé d'une batterie dans une parallèle se fait d'une manière semblable à celle qui a été indiquée ci-dessus. On procède à sa construction en élargissant la parallèle au moyen de deux rangs de travailleurs, dont un rang élargit la parallèle et jette les terres

derrière l'autre rang de travailleurs, qui, se tenant au pied du talus intérieur, jetteront les terres dans le coffre. On donnera au terre-plein une pente de l'arrière à l'avant, en ne s'enfonçant que de 74 centimètres, s'il est possible, pour éviter les mouvemens de terre inutiles. On procédera d'ailleurs à la construction du reste de la batterie, comme il a été dit à l'art 49.

Batteries d'obusiers.

51. La construction des batteries d'obusiers est entièrement conforme à celle des batteries de canons tirant à ricochet. Lorsque le terrain le permet, on doit enfoncer leur terre-plein afin d'accélérer leur construction, de les rendre plus solides et de les mettre mieux à l'abri des feux de l'ennemi. Dans les sièges, on les place dans les demi-places d'armes ou dans la troisième parallèle. Alors on n'a besoin que d'ouvrir les embrasures dans le parapet même de la parallèle.

Leurs magasins à poudre doivent avoir des dimensions moindres que ceux des batteries de canons. On les règle d'après les besoins du service. On fait des magasins particuliers à portée des premiers pour charger les obus.

Batteries de mortiers.

52. Les batteries de mortiers se tracent de la même manière que les précédentes. Elles sont sans embrasures, et l'intervalle de deux mortiers n'est que de 5^{m} et même 4^{m} ; mais, dans tous les cas, l'axe des deux mortiers extrêmes doit être à 3^{m} de l'extrémité de l'épaulement.

53. Il y a toujours avantage d'enfoncer le terre-plein des batteries de mortiers au-dessous du sol. Lorsque ces batteries ont pour objet de tirer indistinctement sur tous les ouvrages d'un front d'attaque, on doit profiter des accidens de terrain qui peuvent faciliter leur construction, en observant toutefois de les placer, autant que possible, dans la direction principale de la masse des objets à battre.

Lorsque ces batteries sont destinées à battre un ouvrage en particulier, il convient de les placer dans la direction des faces de cet ouvrage, et de les tracer de la même manière que les batteries à ricochet. Le mode le plus expéditif et le plus solide pour les construire est d'enfoncer leur terre-plein de 74 centimètres, et de faire l'épaulement au moyen de terres prises tant dans le terre-plein que dans un fossé fait en avant de la batterie.

54. On forme de petits magasins séparés pour recevoir la poudre destinée aux charges et pour charger les bombes.

Batteries de pierriers.

55. Les batteries de pierriers se construisent comme celles pour mortiers de huit pouces ; mais comme dans les sièges ces batteries sont généralement placées dans les tranchées ou dans les cavaliers de tranchée, le parapet de ces tranchées sert d'épaulement.

Batteries de place.

56. L'armement d'une place est la disposition donnée à son artillerie pour que cette arme contribue le plus possible à sa défense. Cette disposition dépend principalement des vues que prennent les différentes parties de fortification sur les points attaqués. Elle varie, en outre, suivant la nature des opérations qu'exécute l'assiégeant. Quoi qu'il en soit, les canons qui sont mis en batterie sur les

remparts étant généralement montés sur affût de place, il ne sera question ici que de l'emplacement nécessaire pour recevoir ces affûts. On supposera dans tout ce qui va suivre que la crête intérieure du parapet est horizontale, et à 2^{m},50 au-dessus du terrain, que le talus intérieur est incliné à 1 de base sur 3 de hauteur, que la première banquette est à 1^{m},40 au-dessous de la crête intérieure, que sa largeur est de 1^{m},33, que son talus est à 2 de base sur 1 de hauteur, et arrêté à une deuxième banquette à 2^{m},10 au-dessous de la crête intérieure, dont la largeur est 1^{m},20, et qui est terminée par un talus à 2 de base sur 1 de hauteur.

57. L'artillerie fait usage actuellement de deux espèces d'affûts de place, savoir : de l'affût modèle de Gribeauval modifié, et de l'affût de place et de côte, nouveau modèle. Ce dernier affût élève la bouche à feu au-dessus de la plate-forme d'environ 20 millimètres de plus que le premier : cette différence est si petite, qu'on n'y aura pas égard. Ainsi les deux affûts auront la même hauteur de genouillère. Il est plus court et plus étroit que le premier : avantage précieux, en ce qu'il

est plus facile de rapprocher deux pièces contiguës pour les soustraire au ricochet.

58. Nous avons dit que la hauteur de la genouillère pour les affûts de place était de 1^m,50, et qu'elle pouvait être réduite à 1^m,40. La profondeur des embrasures est de 32 centimètres. L'ouverture est fixée de manière que les pièces aient généralement un champ de tir de 15° de chaque côté de la directrice. Il faut alors donner 1^m de largeur à l'ouverture intérieure, et 4^m,20 à l'ouverture extérieure des embrasures à hauteur de la crête extérieure du parapet. Ainsi, en espaçant les pièces de 5^m d'axe en axe, les merlons auront une consistance suffisante pour abriter les servans des pièces ; mais cet espacement et l'ouverture des embrasures peuvent être moindres ou plus grands dans quelques circonstances particulières ; dans tous les cas, ils doivent être déterminés par les besoins du service, mais sans priver l'affût de fournir un champ de tir plus grand que l'affût de siège.

59. En général, les embrasures des pièces montées sur des affûts de place sont directes. Cependant quelquefois elles sont obliques. Dans ce cas, au lieu de porter les dimensions

de l'ouverture intérieure et de l'ouverture extérieure sur la crête intérieure et sur la crête extérieure du parapet, on les porte sur des perpendiculaires à la directrice, élevée au point où elle rencontre ces lignes. Comme il serait très-incommode de mesurer l'ouverture extérieure à hauteur de la crête extérieure du parapet, on élève une perpendiculaire à 3^{m} du point d'intersection de la directrice avec la crête intérieure, et on porte sur cette perpendiculaire la moitié de l'ouverture extérieure, c'est-à-dire 1^{m},05 de chaque côté de la directrice.

60. L'ouverture intérieure d'un mètre de largeur exposant les servans aux feux de la mousqueterie, on remédiéra à cet inconvénient, dans le tir direct, en plaçant à l'entrée des embrasures de chaque côté de la pièce, et l'un sur l'autre, deux sacs à terre ou deux bouts de saucissons de 27 centimètres de diamètre, qui ne laisseront entre eux qu'un espace d'environ 46 centimètres, espace suffisant pour donner passage à la pièce. Dans le tir oblique, on placera tous les sacs à terre ou les bouts de saucissons du côté opposé à celui vers lequel l'obliquité aura lieu.

61. Les embrasures pour les obusiers ont 0m,80 d'ouverture intérieure, et leur fond est en contrepente comme dans les batteries à ricochet.

Batteries de mortiers et de pierriers.

62. Les mortiers et les pierriers sont ordinairement établis sur le terre-plein du rempart ou du chemin couvert, au pied du talus de la banquette sans l'entamer.

Pièces de petit calibre dans le chemin couvert ou les ouvrages détachés.

63. Les pièces de petit calibre qu'on place dans le chemin couvert sont montées sur affût de siége ou de campagne, et leur établissement n'exige aucun travail préalable, attendu qu'elles ne peuvent être généralement tirées ni à embrasure ni à barbette, et qu'elles doivent tirer à ricochet par-dessus les palissades.

Dans les chemins couverts coupés et les ouvrages détachés, les canons ou obusiers sont établis à barbette ou à embrasure, suivant les besoins du service.

Traverses et parados, planche 4, fig. 1.

64. On élève des traverses sur les faces des ouvrages ricochables, afin de garantir les

pièces contre le tir à ricochet. On limitera leur hauteur à $3^{m},00$, afin qu'elles ne forment pas de petits cavaliers qui offriraient à l'ennemi la facilité de plonger dans les ouvrages en arrière. Leur longueur totale, à partir de la crête, doit être de 7^{m}, afin de couvrir entièrement les canonniers et les pièces; cependant, si le rempart a moins de 10^{m} de largeur, on réduit cette longueur, afin de conserver, entre le profil de chaque traverse du talus du rempart, l'espace de 3^{m} nécessaire pour la circulation. On ne donne aux traverses qu'une épaisseur d'environ $2^{m},60$ dans le haut, ce qui est reconnu suffisant dans le tir à ricochet. Leur base doit avoir 4^{m} de largeur, à cause du talus à ménager de chaque côté pour soutenir les terres, talus qu'on revêt ordinairement en gabions.

Il est bon de construire, dans le massif de chaque traverse, un petit magasin à poudre capable de contenir les munitions des pièces voisines pour environ vingt-quatre heures, mais pas plus; car un plus grand approvisionnement inspirerait la crainte qu'une explosion accidentelle n'endommageât le parapet et même le revêtement de l'ouvrage.

Le tir à ricochet le plus plongeant qu'on admette formant un angle de 8° avec la surface ricochée, on peut se convaincre qu'une traverse élevée de 3^{m},00 au-dessus du terre-plein ne garantit parfaitement qu'une seule pièce contre un tir à ricochet de cette sorte; d'où il suit que si l'on voulait s'y soustraire entièrement, il faudrait construire des traverses de pièce en pièce. Le plus grand inconvénient de cette disposition serait de réduire beaucoup l'artillerie des ouvrages. Aussi, construit-on des traverses de 2 en 2 pièces seulement, et on laisse entre elles un intervalle de 10 mètres.

65. Les parados sont établis en arrière et le plus près possible des batteries qui peuvent être prises de revers, pour les garantir des feux de l'assiégeant. Leur hauteur et leur largeur sont égales à celles des traverses; leur longueur dépend de la quantité de pièces qu'elles doivent garantir.

Terres nécessaires.

66. Le volume de ces traverses est, déduction faite de celui de la banquette et des matériaux employés à leur revêtement, de 50 à 60 mètres cubes. Les terres nécessaires

pour les former seront prises le plus à proximité; mais leur multiplicité met souvent dans la nécessité d'aller chercher les terres au loin, surtout pour celles des ouvrages à fossés pleins d'eau. Ce qui est, en temps de siége, un grave inconvénient.

Moyen d'y suppléer.

67. A défaut d'espace pour établir les traverses ou les parados en terre, on les fait au moyen de deux rangs de pieux enfoncés en terre et espacés de 2m,60, contre lesquels on cloue des planches jointives; on remplit ensuite l'espace qui les sépare avec de la terre, du fumier, des balles de laine ou autres matières disponibles. On peut encore les faire avec des poutres ou de gros corps d'arbres plantés verticalement et jointivement en terre ou inclinés en forme de toit.

Batteries de côte.

68. Les batteries, quelles qu'elles soient, établies sur les côtes, prennent le nom de batteries de côte. Il ne sera question ici que de celles de canons montés sur affûts de côte, parce que les autres se construisent comme on l'a vu.

69. On fait usage de deux espèces d'affûts de côte, savoir de celui modèle de Gribeauval et de celui du nouveau modèle. Tous les deux permettent de tirer par-dessus l'épaulement sans embrasures, et de mettre les servans à l'abri de l'artillerie des vaisseaux. En outre, ils mettent à même de tirer facilement sur les vaisseaux, soit pendant leur passage, soit dans les diverses positions qu'ils peuvent prendre devant la batterie, dans un angle qui est limité à 90°, parce que s'il était plus grand, la tranche de la bouche des canons en fer dont les batteries de côte sont armées, rentrerait en dedans de l'épaulement : ce qui, dans le tir sous de petits angles, l'exposerait à être fortement dégradée. On trace donc les batteries de côte de manière qu'avec ce champ de tir ils puissent battre les vaisseaux dans les diverses positions qu'ils peuvent prendre en avant ou sur les côtés de ces batteries ; leurs directrices sont perpendiculaires à l'épaulement. On en règle l'épaisseur comme pour les batteries de siège, d'après la qualité des terres ; la hauteur en est ordinairement fixée à 1^{m},62, parce que l'axe du canon étant placé horizontale-

ment, la partie inférieure de son bourrelet se trouve à environ 3 centimètres au-dessus de la crête, ce qui permet d'abaisser la ligne de mire au-dessous de l'horizon d'environ 2°: quantité qui, lorsque la batterie est élevée au-dessus du niveau de la mer d'environ 15^{m}, est suffisante pour que les canons puissent être dirigés sur les vaisseaux qui seraient à environ 400^{m}; lorsque la batterie est plus élevée, on doit abaisser la hauteur de l'épaulement de manière que les canons puissent battre les vaisseaux dans les positions les plus rapprochées où ils peuvent se placer. On réduit ordinairement le talus intérieur de l'épaulement au 1/4 de sa hauteur, afin que si on tire dans une direction inclinée de 45° sur la crête intérieure, la bouche de la pièce dépasse assez cette crête pour que le revêtement ne soit pas dégradé par l'effet du tir. La construction des affûts de côte et leur champ de tir exigent qu'on mette entre les directrices des pièces plus d'intervalle que dans les batteries de siége. On a fixé cet intervalle à 7^{m}.

Utilité d'entourer les batteries de côte d'un demi-revêtement en maçonnerie.

70. Lorsque les terres que l'on a à sa disposition sont légères ou mêlées de beaucoup de sable, on entoure la partie inférieure de l'épaulement d'un demi-revêtement en maçonnerie, de 1^m de hauteur et de $0^m,65$ d'épaisseur, et on soutient avec un revêtement tel que les localités peuvent en fournir. Si les terres sont très-sablonneuses, on couvre la totalité de l'épaulement d'un placage en gazon, afin que les vents, souvent très-forts sur les côtes, n'emportent pas le sable et ne détruisent pas la batterie.

71. Il y a ordinairement dans chaque batterie de côte, ou à proximité, un petit magasin à poudre en maçonnerie, destiné à contenir les poudres et les menus objets d'approvisionnement.

Dimension et exécution de l'épaulement d'une batterie de campagne.

72. On couvre par un épaulement les batteries de campagne, quand elles doivent occuper sur un champ de bataille une position déterminée. Si elles sont dans un ouvrage de campagne, le parapet de l'ouvrage sert d'épaulement. A barbette, ou à embrasure, la genouillère est de $0^m,80$. L'épaisseur de l'épaulement est ordinairement de $3^m,50$;

sa hauteur varie de 2^m à $2^m,30$: on ne la fait que de $0^m,80$, si les pièces doivent tirer à barbette. On espace les pièces de 5^m d'axe en axe, et l'on donne 7^m de largeur au terre-plein que l'on tient généralement horizontal et sur le sol naturel, afin que les batteries découvrent le mieux possible le terrain situé devant elles. Cependant, quand une batterie est sur des hauteurs qui dominent le terrain environnant, il est avantageux d'enfoncer le terre-plein de la hauteur de la genouillère. Dans tous les cas, il est indispensable que les communications en arrière soient assez faciles, pour que la batterie puisse se porter rapidement partout où sa présence est nécessaire. On a proposé de creuser entre les pièces de petits fossés pour couvrir les canonniers; mais il est préférable de mettre sur l'épaulement un rang de gabions ou de tonneaux de 1^m de hauteur, qui couvrent les canonniers des feux de mousqueterie, même pendant le service des pièces.

La construction des barbettes et des embrasures, que nous avons donnée précédemment, est applicable aux batteries de campagne.

CONSTRUCTION DES MATÉRIAUX POUR LES REVÊTEMENS.

Fascinages.

73. Pour soutenir les talus plus raides que le talus naturel des terres, on est obligé d'employer des revêtemens. Ils sont généralement en bois, parce que cette substance est très-répandue, susceptible de prendre des formes variées, qu'elle offre assez de résistance, et que ses éclats sont peu dangereux. Ces travaux en bois prennent le nom de fascinages. Ils sont composés de menus bois réunis ou entrelacés de manière à affecter des formes simples, telles que le cylindre plein ou creux et le plan: on les nomme alors saucissons, gabions et claies, suivant qu'ils ont l'une ou l'autre de ces formes. Les meilleurs bois pour la confection des fascinages sont ceux qui poussent de longues tiges droites, flexibles et garnies de rameaux, tels que le chêne, le coudrier, le châtaignier, le saule, la bourdaine, l'osier, etc.

On appelle fascines de petits fagots de différentes grosseur et longueur.

Les fascines ordinaires que l'infanterie ou les paysans sont chargés de faire dans un siège, ont 4^{m} de long sur 0^{m},22 de diamètre ; les brins de bois qui forment chaque fascine sont disposés de manière que leurs gros bouts soient aux extrémités de la fascine, et ils sont liés au moyen de huit harts placées de 0^{m},50 en 0^{m},50, de manière que les deux extrêmes soient à 0^{m},25 des bouts de la fascine. Un atelier de trois hommes peut faire vingt-cinq de ces fascines en dix heures de travail. Une fascine faite depuis deux à trois semaines pèse 22 kilog. Quand on la paie, c'est à raison de 15 centimes.

Fascines à revêtir.

74. Les fascines à revêtir dont se sert le génie ont les mêmes dimensions que les précédentes. Le gros bout des brins de bois doit avoir de 0^{m},009 à 0^{m},012 de diamètre. On les relie avec cinq harts placées de 0^{m},85 en 0^{m},85, et de manière que les deux extrêmes soient à 0^{m},30 des bouts de la fascine.

Fascines à tracer.

75. On emploie aussi, dans le génie, de petites fascines qu'on appelle fascines à tracer.

Elles ont $1^{m},65$ de longueur sur $0^{m},15$ de diamètre, et sont reliées par cinq harts espacées de $0^{m},26$, les deux dernières à $0^{m},30$ des bouts de la fascine. Un homme qui a le bois sous la main peut en faire 15 en dix heures. Au bout de 2 à 3 semaines, elles pèsent environ 7 kil. Si on les paie, c'est à raison de 5 centimes.

76. On se sert beaucoup de piquets pour le fascinage. Il faut qu'ils soient bien droits, en bois dur et de brins, et que leur surface soit lisse, afin qu'on puisse les enfoncer facilement.

	Pour chevalets de saucissons.	Pour piqueter les saucissons	Pour la confection des gabions ordinaires	Pour la confection des claies.	Pour consolider les claies mises en place. pieux	Pour consolider les claies mises en place. piquets.	Pour consolider les plates formes.
Longueur totale, y compris 16 centimètres de pointe.	m 1,62	0,81	1,16	1,62	3,00	1,62	1,00
Diamètre au gros bout...	0,09	0,054	0,04	0,04	0,09	0,06	0,09

Les piquets pour piqueter les saucissons doivent être aplatis sur deux faces opposées, pour qu'ils puissent pénétrer facilement entre les brins, et leur tête doit être oblongue.

On appelle *piquets à mentonnet* ceux auxquels on a fait une coche à environ 6 centimètres de la tête, pour servir de point d'appui aux harts de retraite et autres objets qu'ils sont destinés à maintenir en place.

Un homme peut en une heure couper et aiguiser les pointes de 100 piquets pour gabions ordinaires.

77. Les harts sont des brins de bois mince et flexible qui relient les fascines et les saucissons; quand on les emploie à consolider les revêtemens, on les nomme harts de retraite. Elles doivent être en bois fort et flexible, droit et sans nœuds. Les meilleures sont les jeunes pousses de chêne, de châtaignier, de coudrier, de charme, de bourdaine, de saule, d'osier et de vigne ordinaire ou sauvage. Ces bois sont dans l'ordre dans lequel on doit les employer de préférence.

Manière de faire une hart.

Pour bien faire une hart, on prend une

jeune branche de bois de 0,013 de diamètre au gros bout, de $1^{m},60$ à 2^{m} de long, et de $0^{m},01$ de diamètre vers l'extrémité où la boucle doit être formée ; on met le pied gauche sur cette extrémité, à l'endroit où elle commence à être assez forte pour former la boucle ; on se baisse pour la saisir près de là avec la main droite, et on la tortille sur elle-même en maintenant le gros bout en l'air de la main gauche, sans l'empêcher de tourner par ce bout, mais seulement du petit en le tenant ferme du pied gauche ; on continue à tortiller la branche en remontant successivement la main droite et se redressant successivement, jusqu'à ce qu'on sente que par ce tortillement le bois a perdu sa raideur, et que la partie tortillée a une longueur suffisante pour embrasser le saucisson ; alors on forme une boucle en faisant un nœud allemand double, dans lequel puisse passer facilement le gros bout de la hart. Alors la longueur doit être de $1^{m},30$. Il faut 30 harts pour un saucisson de $6^{m},30$, dont trois de rechange, au cas qu'il en casse.

Si l'on a beaucoup de bois pour harts, on les fait à mesure des besoins ; sinon, on en fait un approvisionnement séparé. Un homme exercé fait 50 harts de saucissons dans une heure de travail ; une botte de 100 pèse, terme moyen, 30 kil. On en met ordinairement 40 dans une botte.

78. La confection des fascines et piquets n'est pas payée généralement ; celle des saucissons, des gabions et des claies est payée.

Saucissons, pl. 5, fig. 1.

79. Les saucissons sont des faisceaux cylindriques de branchages bien droits et sans feuilles, dont le diamètre varie de $0^m,27$ à $0^m,32$, et la longueur de $6^m,30$ à 6^m. Les derniers sont préférables parce qu'ils offrent plus de résistance.

80. On emploie aussi pour les revêtemens des saucissons de 4^m et 5^m de longueur. On obtient les derniers en sciant en deux un saucisson de 6^m, et les premiers en faisant un saucisson de 8^m de long qu'on scie entre harts. Ils sont plus maniables et plus faciles à transporter que ceux de 6^m.

Manière de confectionner un saucisson.

81. Pour confectionner un saucisson, il faut 4 hommes, 2 serpes, 2 leviers, un

bout de mèche pour mesurer la grosseur du saucisson, et un cordage de 2^{m} de long, appelé cabestan, ayant une boucle à chaque extrémité pour y passer les leviers et serrer les saucissons. Il faut, en outre, un nombre de chevalets égal au nombre de mètres moins un qu'on se propose de donner aux saucissons. Ces chevalets sont formés de deux piquets perpendiculaires entre eux, et ils sont espacés de 1^{m}. Il faut une masse pour enfoncer les piquets, une scie et une brassée de menus cordages ou de mèches.

82. Pour établir les chevalets, on choisit un terrain uni et autant que possible horizontal. On y trace deux lignes parallèles à 0^{m},76 de distance et d'une longueur égale à celle du saucisson. A 0^{m},65 d'une de leurs extrémités, si le saucisson doit avoir 6^{m},30 de longueur, on enfonce obliquement en terre, d'un tiers de leur longueur, deux piquets perpendiculaires entre eux; on les fixe solidement dans cette position avec de la mèche qu'on dispose de manière à bien garnir l'angle, afin de donner au saucisson la forme cylindrique: le sommet de l'angle doit se trouver à 38 centimètres de terre, et par conséquent

les extrémités des piquets seront à 50 centimètres environ du sommet ou à 98 centimètres environ du terrain. On les égalisera, s'il y a lieu, avec une scie. Les autres chevalets sont établis de la même manière. Le fond de leur angle supérieur doit se trouver sur la même ligne droite, et on le vérifie en plaçant au milieu des deux parallèles deux petits piquets de 0^{m},38 de hauteur au-dessus du terrain, aux extrémités desquels on fixe un bout de mèche. Les angles de tous les chevalets doivent se trouver sur la mèche.

Il faut 30 à 45 minutes pour ce travail. On doit vérifier de temps en temps si les chevalets ne se sont pas dérangés.

83. Un homme ou deux coupent avec la serpe les gros bouts des brins de bois en sifflet uni et allongé, ôtent les rameaux qui ne peuvent se plier dans le sens du bois, redressent les parties tortueuses en donnant de biais un coup de serpe dans le rentrant du coude, mais avec la précaution de ne pas retrancher entièrement la partie courbée, parce que le brin serait moins long, ce qui affaiblirait le milieu du saucisson.

Les deux autres hommes, placés aux deux

chevalets extrêmes, et quelquefois le plus ancien qui dirige l'ouvrage, couchent alternativement un brin de bois sur les chevalets, les sifflets tournés vers l'axe du saucisson, les rameaux s'entrelaçant bien vers le milieu, de sorte que le saucisson ait la longueur précise, observant que les brins de bois se trouvent dans le même plan à $0^m,65$ des deux chevalets extrêmes, lorsque le saucisson est achevé. Mais, pour obtenir ce résultat, il faut d'abord placer les sifflets en retraite de bas en haut, parce qu'en liant les faisceaux, les brins supérieurs glissent d'environ $0^m,05$.

84. Comme, d'après cette manière de placer les brins, le milieu du saucisson n'est composé que de menus branchages, on en insère quelques gros, afin que le saucisson ait partout la même grosseur et la même consistance. Cette opération se nomme *garnir le saucisson*. Cela fait, lorsqu'il a partout $0^m,97$ de grosseur, on place les harts.

85. On met d'abord une hart à $0^m,18$ de chacune de ses extrémités, et on lie provisoirement le milieu afin de maintenir les brins; puis on en place de chaque côté jusqu'au milieu. L'intervalle entre les harts varie

depuis $0^{m},16$ jusqu'à $0^{m},27$, suivant la force du bois, l'abondance et la qualité des harts. On les espace le plus souvent de $0^{m},22$.

Lorsque les bois du saucisson sont propres à faire des harts, un homme les fait tandis que les autres préparent les brins et les placent sur les chevalets.

Pl. 5, fig. 2.

Pour placer les harts, les quatre hommes se réunissent : deux prennent chacun un levier et le cabestan qu'ils passent sous le faisceau à 5 centimètres environ plus loin que l'emplacement où ils veulent mettre une hart ; ils l'enveloppent en dessus en se passant respectivement les boucles du cabestan, dans lesquelles ils engagent la pince de leur levier qu'ils appuient contre le faisceau ; ils font effort à l'extrémité du levier et abattent ensemble de manière à serrer le faisceau peu à peu sans le tordre, et de façon que les pinces des leviers se croisent en dessous ; à mesure qu'ils serrent, un homme replace avec la main les brins qui se dérangent, maintient les sifflets en dedans, surtout à l'extérieur, de manière à donner une forme cylindrique au saucisson :

on continue à le serrer ainsi jusqu'à ce que la circonférence soit un peu moindre que celle qu'il doit avoir, ce qu'on vérifie avec le bout de mèche, parce que les harts ne se serrent jamais aussi bien que le cabestan. A ce point, un des autres deux hommes place la hart près du cabestan, passe le gros bout dans la boucle, la serre sur le saucisson contre lequel il appuie son pied pour faire effort, et à l'aide du quatrième homme placé vis-à-vis de lui, qui saisit la boucle avec un crochet fait avec du bois dur et la tire à lui, il arrête la hart en tordant le gros bout, qui fait de cette manière sur la boucle une espèce de rosette qu'on appelle le nœud. Le nœud fait, on place le gros bout restant de la hart entre les brins de bois du saucisson, de manière qu'il soit engagé sous la hart qui suit ou sous celle qui précède. Les hommes des leviers les relèvent en desserrant doucement pour ménager la hart, changent de leviers entre eux sans les sortir des boucles du cabestan, et passent de suite à une autre hart, ayant soin que tous les nœuds des harts soient en ligne droite sur la même arête du saucisson. Si les deux harts des extrémités ne sont pas bien serrées, on les serre de nouveau, afin de diminuer autant que possible le diamètre en cette partie, parce que lors de la mise en place, ou lorsqu'on le larde avec le saucisson suivant, les têtes éprouvent un effort du dedans au dehors qui tend à l'agrandir.

86. Le saucisson bien lié, on coupe avec une serpe les menus branchages, ce qui s'appelle *parer le saucisson;* on le met ensuite à terre et on le redresse à coups de masse, s'il offre quelques irrégularités.

87. Les quatre hommes doivent faire un saucisson en trois heures, et s'ils sont adroits en deux heures et demie, surtout si les harts sont préparées d'avance. On paie 50 centimes par saucisson.

Gabions.

88. Les gabions sont des paniers cylindriques sans fond faits avec des branchages flexibles entrelacés entre de forts piquets disposés en cercle. Les gabions ordinaires ont 56 centimètres de diamètre extérieur et 1^{m} de hauteur. On les emploie particulièrement au revêtement des joues des embrasures et à

celui des communications et des traverses. Les gabions de tranchée du génie ont 65 centimètres hors œuvre et 80 de hauteur. Les gabions farcis dont le génie se sert comme de masque pour couvrir les premiers sapeurs conduisant les têtes de sape, ont $1^m,30$ de diamètre hors œuvre et $2^m,30$ de hauteur. L'artillerie emploie aussi des gabions ordinaires farcis de fascines dans la construction des batteries de siège.

Manière de confectionner un gabion.

89. Pour confectionner un gabion ordinaire, on emploie deux hommes, un pic-hoyau, une scie, une serpe, un maillet, et un gabarit composé de deux cerceaux concentriques, réunis et assujettis par quatre taquets de 4 à 5 centimètres de largeur, et tels que les plus gros piquets employés à la confection du gabion puissent passer facilement entre les cerceaux. La circonférence du plus grand est divisée en sept parties égales par des coches bien prononcées, marquant l'emplacement des piquets ; le diamètre intérieur du même cerceau doit avoir 6 centimètres de moins que le diamètre extérieur

que l'on se propose de donner au gabion, ou 50 centim., parce que l'épaisseur du clayonnage est généralement de 6 centimètres. Il faut de plus 7 piquets ordinaires et des menus branchages verts et flexibles. Un des deux hommes plante les piquets et clayonne; il est aidé au besoin par le deuxième, qui prépare les piquets, choisit et dispose les brins, dont le gros bout doit avoir de $0^m,009$ à $0^m,012$ de diamètre; il convient qu'ils soient garnis de leurs petits rameaux, et qu'ils soient le plus droits et le moins noueux possible; si l'on est obligé d'en employer de tortus, on les redresse ainsi qu'il a été dit article 83.

Planche 5, fig. 3 et 4.

On choisit un terrain horizontal, ou, à défaut, on le dispose de cette manière avec le pic-hoyau, et on y place le gabarit; un des deux hommes enfonce successivement les sept piquets entre les deux cerceaux aux emplacemens indiqués par les coches du plus grand cerceau, de manière que les pointes entrent en terre de 16 centimètres, et que les têtes se trouvent dans un plan horizontal à 1^{m} au-dessus du terrain. Dans le cas où leur diamètre ne serait pas égal à l'intervalle compris entre les deux cerceaux, ils devront être enfoncés verticalement de manière à toucher le plus grand cerceau. Il élève ensuite le gabarit parallèlement à lui-même jusqu'au milieu de la hauteur des piquets, et il l'y assujettit avec trois ou quatre petits bouts de harts.

Il prend ensuite un brin de bois dont il introduit le gros bout entre deux piquets contre la partie supérieure du gabarit, du dehors au dedans, en ayant soin de l'y engager peu, afin qu'il ne soit pas obligé de couper ensuite la partie qui déborderait inutilement le clayonnage; puis il en introduit un deuxième immédiatement au-dessus, entre l'un de ces piquets et le suivant, toujours de dehors en dedans, et il les entrelace autour des piquets, en laissant alternativement un piquet en dehors et un autre en dedans, et les faisant passer toujours l'un au-dessus de l'autre. Quand un des brins devient trop mince ou qu'il approche du bout, il y en joint ou amorce un autre, et il a soin de les tortiller ensemble, en continuant l'entrelacement de manière que le gros bout du nouveau brin se trouve en dedans. On voit donc que par cette méthode il importe peu que les piquets soient en nombre pair ou impair, puisqu'il arrive toujours que deux brins consécutifs les enveloppent l'un en dedans, l'autre en dehors, ou vice versâ, et que la surface extérieure a toute la régularité possible ; il suffit donc que les piquets soient espacés d'environ 22 centimètres, pour que les gabions aient toute la consistance nécessaire. A mesure que le travailleur a fait quelques tours, il serre le clayonnage à coups de maillet, et il continue ainsi jusqu'au haut des piquets, où il lie ensemble trois ou quatre tours de clayonnage avec quatre petites harts également espacées et arrêtées chacune à la tête d'un piquet ; il arrache le gabion de terre et le retourne, il enlève le gabarit, après avoir coupé les bouts de harts qui l'assujettissaient, et il reprend le travail vers le milieu pour le continuer jusqu'à ce que le clayonnage ait un mètre de hauteur : ce à quoi il faut bien veiller pour que tous les gabions soient égaux; après quoi, il l'arrête par quatre petites harts, ainsi qu'il l'a fait à l'autre extrémité du gabion. Enfin, il rafraîchit les pointes des piquets, si cela est nécessaire, et il pare le gabion en coupant avec la serpe les petits branchages qui en sortent; mais il laisse ceux de l'intérieur, afin d'empêcher la terre de tamiser lorsqu'on en remplit le gabion.

Les pointes des gabions farcis doivent être sciées.

90. Deux hommes exercés peuvent faire facilement un gabion dans 55 minutes. On les paie à raison de 15 centimes par gabion. Un gabion ordinaire pèse environ 30 kilog., deux ou trois semaines après sa confection.

Les bois pour clayonnages doivent être employés dans les vingt premiers jours de leur coupe, autrement ils n'ont plus assez de flexibilité : on peut la leur rendre en partie en les mettant 24 heures dans l'eau ; mais il ne faut pas les laisser sécher, car ils deviennent plus cassans qu'auparavant.

Claies.

91. Les claies sont, comme les gabions, formées de piquets et de brins de bois entrelacés, mais elles sont planes ; on les emploie au revêtement des épaulemens et des joues d'em-

brasures, quelquefois aussi à consolider un terrain humide et marécageux. Lorsqu'une claie est construite sur l'emplacement même du revêtement, on lui donne les formes et les dimensions de la surface à revêtir; quand elle n'a pas de destination fixe, on lui donne 2^m de longueur et $1^m,46$ ou $1^m,30$ de hauteur. Dans les deux cas; elle s'exécute de la même manière; mais, dans le dernier cas, on maintient les claies en place par des pieux et par des piquets plantés extérieurement à des intervalles égaux. Dans le premier cas, on arrête chaque piquet planté en terre, suivant l'inclinaison de la surface à revêtir, avec deux harts de retraite, dont une au milieu de sa hauteur, et l'autre à sa partie supérieure; alors on donne aux piquets une grosseur proportionnée à leur hauteur, qui doit être égale à celle de la surface à revêtir, plus la quantité dont on les enfonce en terre, qui varie aussi suivant la longueur des piquets.

On confectionne une claie de la même manière qu'un gabion, excepté que le gabarit au lieu d'être circulaire, doit être formé par deux tringles droites, et que les tringles doivent être espacées de 21 ou de 24 centimètres, suivant la grosseur du clayonnage, de manière que les deux piquets extrêmes se trouvent à 5 ou 6 centimètres des extrémités de la claie. On commence le clayonnage par un des piquets extrêmes; et au lieu d'entrelacer successivement deux brins placés l'un au-dessus de l'autre, on n'en entrelace qu'un; arrivé à l'autre piquet extrême, on l'enveloppe avec le clayon, et on continue à l'entrelacer entre les piquets en sens inverse, et ainsi successivement jusqu'à ce que le clayonnage atteigne l'extrémité supérieure des piquets; alors on l'arrête, on enlève la claie de terre, on la retourne et on l'assujettit entre quatre piquets enfoncés en terre, dont la hauteur doit être un peu moindre que celle de la partie de la claie déjà faite, et on l'achève ainsi qu'il a été dit pour les gabions. On doit avoir soin de placer les gros bouts des clayons du même côté de la claie, et de bien serrer les clayons à coups de maillet; lorsqu'ils sont trop gros ou trop peu flexibles pour qu'on puisse les ployer facilement autour des piquets extrêmes, on prend un morceau de bois ou un piquet d'une résistance convenable, sur lequel on fait quelques tours avec l'extrémité du clayon, et on s'en sert comme manivelle pour tortiller le brin ainsi qu'il a été dit pour les harts, afin de les rendre plus flexibles.

92. Deux hommes font 6 ou 7 claies dans dix heures de travail : on les paie à raison de 20 centimes par claie ; une claie ordinaire pèse environ 32 kilog., deux ou trois semaines après sa confection.

Gazons.

93. On n'emploie les gazons que pour revêtir les batteries de place, de côte et de campagne, parce que leur emploi demande trop de temps ; ils doivent être, autant que possible, coupés dans une prairie humide, dont l'herbe soit fine, serrée et fauchée de très-près, et dans un bon terrain.

94. Les gazons ont la forme de parallèlepipèdes ou celle de coins : les premiers prennent le nom de panneresses et de boutisses. Les panneresses ont ordinairement 32 centimètres en longueur et en largeur, et 15 centimètres d'épaisseur ; les boutisses ont 48 centimètres de longueur, 32 de largeur et 15 d'épaisseur : l'épaisseur des unes et des autres

est réduite à 12 centimètres lorsqu'on les emploie.

Les gazons sous forme de coins ont ordinairement 32 centimètres en carré, et 15 centimètres d'épaisseur à la tête, qui doit former parement.

Les premiers gazons sont les plus solides et généralement employés.

Manière de les couper.

95. Pour couper les gazons, on forme des ateliers de trois hommes munis d'une pelle carrée dont le taillant et les côtés soient bien affûtés, et au bas du manche de laquelle on lie les deux extrémités d'un trait à canon ou autre cordage ; d'une pelle ronde, d'un cordeau de 10^{m} de longueur, d'un levier ou manche d'outil, et de deux mesure-calibres de gazons, dont une pour la longueur et une pour la largeur.

On coupe le terrain en tranches parallèles et perpendiculaires, à des distances égales à la longueur et à la largeur qu'on veut donner aux gazons ; pour cela, après avoir fait faucher l'herbe de très-près, s'il y a lieu, deux des trois travailleurs tendent le cordeau sur l'emplacement et dans la direction qu'on aura choisie, au moyen de deux petits piquets fixés à ses extrémités. Le troisième travailleur, celui qui dirige le travail, enfonce la pelle de champ d'environ $0^{m},15$ à une des extrémités du cordeau, de manière que le manche soit incliné et se trouve dans le plan vertical passant par le cordeau. Les deux autres travailleurs passent le levier ou le manche d'outil dans la boucle formée par le cordage fixé à la pelle, se placent en galère à chacune de ses extrémités, et font effort pour couper le terrain, tandis que le troisième travailleur tient le manche de l'outil de manière qu'il soit toujours enfoncé à la même profondeur, et le dirige, comme le soc d'une charrue, le long du cordeau, jusqu'à ce qu'il soit arrivé à son extrémité. Alors ils portent le cordeau parallèlement à lui-même, à une distance égale à la longueur qu'on se propose de donner aux gazons, au moyen du calibre à ce destiné, et ils coupent le terrain suivant cette ligne, ainsi qu'il vient d'être dit; ils répètent la même opération dans une étendue égale à la longueur du cordeau, après quoi ils recoupent le terrain suivant des lignes perpendiculaires aux premières, distantes entre elles de la largeur qu'on se propose de donner aux gazons. Cela fait, ils enlèvent les gazons un à un, en enfonçant la pelle ronde de plat, à l'extrémité du gazon, dans le sens de sa largeur, de manière que le manche de la pelle soit très-incliné, et le tirant comme il a été dit ci-dessus, dans le sens de la longueur du gazon. D'autres travailleurs les transportent ensuite au dépôt avec des civières, afin de ne pas les casser et de ne pas détacher la terre qui tient leurs racines.

Quantité de gazons qu'un atelier peut fournir et employer.

96. De cette manière un atelier peut fournir cent gazons par heure. Or il faut trente gazons par mètre carré de revêtement, dont 1/3 de boutisses pour les gazons en forme de parallèlepipèdes, y compris le déchet évalué à 1/6. Un atelier de gazonneurs est composé de quatre hommes, dont un prépare les gazons au moyen de calibres en bois; un second les place; un troisième les met d'épaisseur et de niveau, et amène la terre derrière; le quatrième dame la terre. Celui

qui place donne toujours le talus: ce doit être un homme exercé.

L'atelier doit être pourvu d'un cordeau de 10^m, de deux pelles carrées dont le tranchant soit bien affûté, d'une règle de 3^m, d'un niveau de maçon, d'un maillet, de petits piquets de $0^m,20$ de long, d'un arrosoir et d'une dame. Ils peuvent faire 20 à 25 mètres carrés de gazons dans dix heures de travail.

Sacs à terre.

97. Les sacs à terre sont de petits sacs en bonne et forte toile qu'on remplit de terre et qu'on emploie, soit pour former des revêtemens, soit pour les réparer, soit pour faire en entier les épaulemens des batteries qu'on est parfois obligé d'établir sur le roc, soit enfin pour faire celles qu'on a dessein de construire promptement et sans bruit, à petite distance de l'ennemi, telles que les batteries de brèche dans le chemin couvert des places.

98. Les sacs à terre de l'artillerie ont généralement 676 millimètres (25 pouces) de long, et 40 de large (15 pouces); un de ces sacs, rempli de terre ordinaire, occupe

un espace de $0^m,48$ (18 pouces) de long, $0^m,28$ de large (10 pouces 6 lignes), et $0^m,20$ de hauteur (7 pouces 6 lignes); il a environ $0^m,81$ (30 pouces) de tour, et pèse environ trente kilogram. Un ballot de cinq cents sacs vides pèse environ cent quatre-vingt-dix kilogr. ; quarante sacs pleins font $1^{m.cc}$, et il en faut 3,400 par pièce pour une batterie de siège de plein fouet à embrasure, ayant un épaulement de 6^m de long, 6^m d'épaisseur au sommet et $2^m,30$ de hauteur.

99. On fait faire ou l'on choisit, autant que possible, la toile qu'on emploie à la confection de ces sacs, de manière que sa largeur soit égale à la longueur du sac, plus 27 millimètres (1 pouce) pour un ourlet de chaque côté : en tout 73 centimètres (27 pouces) de largeur ; on prend la largeur des sacs dans la longueur de la toile ; il en faut 83 centimètres par sac, y compris les coutures qui doivent être doubles et rabattues ; on place un bout de ficelle à 3 centimètres du bord, qu'on passe et arrête dans deux œillets faits de chaque côté de la couture, pour servir à lier le sac lorsqu'il est plein de terre. Un sac coûte ordinairement un franc.

Matériaux divers dont on se sert lorsqu'on y est forcé par les circonstances.

100. A défaut des différens matériaux dont il vient d'être question, on emploie les chapes et les barils à poudre, ainsi que les tonneaux vides, les bois de charpente, les madriers et les planches, les sacs de laine et de coton, et toutes les matières faciles à empiler qui offrent une grande résistance à la pénétration des projectiles; mais les matières inflammables ne doivent être employées qu'avec la plus grande circonspection. Si l'on emploie dans la défense des places des blindages en charpente, ce n'est que dans des emplacemens tout-à-fait à l'abri des feux directs de l'artillerie. Mais on remplace très-avantageusement les gabions par les chapes et les barils à poudre vides.

Sacs à laine.

La laine a été quelquefois employée pour former l'épaulement des batteries; il convient de la renfermer dans des sacs de toile, qui ont ordinairement 3^m à 5^m de long sur 1^m à $1^m,30$ de diamètre, ou 1^m de long et $0^m,66$ de diamètre, s'ils doivent être transportés à bras d'homme à de grandes distances.

REVÊTEMENS.

101. De tous les talus de l'épaulement il n'y a que le talus intérieur qui ait besoin de revêtement. On revêt en outre les joues des embrasures.

Les revêtemens se font en saucissons, en gabions, en clayonnages et en gazons.

Commençons par le talus intérieur. Il demande cinq canonniers.

Exécution du revêtement intérieur, côtés ou retours, jusqu'à la genouillère, en saucissons, pour une batterie de siège.

Pour faire le revêtement intérieur en saucissons, on creuse une rigole de 27 à 30 centimètres de largeur et de 9 de profondeur, le long et en dedans du côté intérieur, et on met son fond de niveau pour y loger le premier saucisson. Cette profondeur de la rigole doit être telle, que la hauteur de la partie du saucisson qui la déborde étant ajoutée à la hauteur d'un nombre rond de saucissons qui lui seront superposés, égale la hauteur de la genouillère, qui doit être de $1^{m},19$ dans les batteries de plein fouet. La hauteur de la genouillère dans les batteries à ricochet étant de $1^m,33$, on ajoutera, sur le dernier saucisson, un fagot ou bout de fascine de 14 centimètres de diamètre, et d'une longueur égale à l'ouverture intérieure de l'embrasure; ou bien on fera le raccordement en talus.

Si le terrain est incliné dans le sens de la longueur de la batterie, on met de niveau la partie de la rigole correspondant à l'emplacement de chaque pièce ou de plusieurs, de manière que la différence de niveau du fond des rigoles soit égale au diamètre d'un saucisson, afin que les rangs supérieurs des saucissons puissent s'étendre d'une extrémité de la batterie à l'autre, et donner ainsi au revêtement toute la consistance nécessaire.

102. *Premier saucisson du premier rang.* On place dans la rigole un saucisson de 3^m de long, les nœuds des harts en dedans du coffre (ce qu'on fera aussi pour tous les autres saucissons), de manière que le bout scié carrément soit au point où commence l'épaulement, et que le saucisson touche dans toute sa longueur le fond de la rigole et la mèche indiquant l'alignement du pied du talus in-

térieur. On l'assujettit dans cette position au moyen de piquets de 810 millimètres de long (30 pouces) et de 54 millimètres (2 pouces) de diamètre au gros bout, aplatis sur deux faces opposées, afin qu'ils puissent pénétrer plus facilement entre les brins de bois du saucisson; on place le premier piquet entre les deuxième et troisième harts, et les autres de quatre en quatre harts; on les enfonce verticalement à coups de masse au milieu du saucisson et à tête perdue, à égale distance des deux harts pour les moins fatiguer. Un homme les maintient verticalement en les poussant ou en les tirant à lui, pendant qu'un autre les enfonce à coups de masse. On ne met les deux derniers piquets du côté qui n'est pas scié, que lorsque le deuxième saucisson du même rang est placé.

103. On revêt aussitôt le côté de la batterie adjacent à ce saucisson; pour cela, à $0^{m},30$ du bout, on scie carrément un saucisson, on creuse une rigole pareille à la précédente en dedans du pied du talus, on y couche le saucisson avec les mêmes précautions que le précédent, et le bout scié appuyant contre le saucisson du revêtement intérieur déjà

placé, dont il doit être couvert en entier sans en être dépassé; on piquette ce saucisson comme le précédent, et comme il n'est pas assez long pour fournir seul au revêtement, on complète ce revêtement avec un bout de saucisson de la longueur nécessaire, et on le larde avec le premier comme on le dira. Après avoir rempli l'espace qui est derrière ces saucissons avec de la terre bien damée, on place un deuxième saucisson sur le premier, en ayant soin de mettre d'abord du côté du revêtement intérieur le bout de saucisson nécessaire pour compléter la longueur du revêtement; on le fait porter sur le premier saucisson du revêtement intérieur, de manière que son bout scié se trouve dans le plan du talus intérieur, et on lui donne, sur le premier saucisson du côté, le retrait nécessaire pour former le talus voulu, qui est les 2/7 de la hauteur, au moyen d'une fausse équerre dont le plan étant placé verticalement et perpendiculairement au saucisson, un de ses côtés porte horizontalement sur le terre-plein, tandis que l'autre indique le talus à donner au revêtement et sert d'appui au deuxième saucisson; on le piquette comme le premier, en plaçant les piquets dans les intervalles des piquets du saucisson inférieur. On continue de la même manière si le premier rang de saucissons de la batterie n'est pas fini. S'il l'était, les canonniers qui viennent de travailler à un côté, iraient placer deux saucissons au côté de l'autre extrémité de la batterie. Pour les batteries construites devant l'ennemi, on coupe carrément l'extrémité du saucisson qui est du côté du talus extérieur.

L'autre extrémité de la batterie se raccordera d'une manière analogue.

104. *Deuxième saucisson du premier rang.* On élève l'extrémité du premier saucisson non sciée, et on place dessous une masse à $0^{m},32$ du bout; un canonnier s'assied dessus, un peu en arrière de la masse, face au bout non scié, une jambe dans le coffre et une sur le terre-plein; quatre canonniers prennent le deuxième saucisson de 6^{m}, l'apportent dans la rigole à la suite du premier, puis faisant face au canonnier assis et tenant le saucisson entre les jambes, ils le soulèvent, lui donnent deux ou trois balancemens, et au commandement *ferme*, fait par celui qui est le plus près de la tête, ils font effort en-

semble et enfoncent la tête du deuxième saucisson dans celle du premier : on appelle cette opération *larder les saucissons*. Pour qu'ils soient bien lardés, il faut que l'un ne dépasse l'autre dans aucun sens ; s'ils sont mal lardés, on arrache le deuxième saucisson et on recommence l'opération. Son succès dépend du soin que prend le canonnier assis d'avertir le canonnier qui lui fait face, lorsque, dans ses balancemens, le saucisson s'écarte à droite ou à gauche de la direction du premier, et de l'accord qu'il y a entre les mouvemens imprimés au saucisson et ceux qu'indique le canonnier assis. Quand les saucissons sont bien lardés, on embrasse le milieu de leur jonction avec une bonne hart, et on le sert fortement afin que la poussée des terres ne puisse pas les désunir et les rejeter en dehors. On place le saucisson dans la rigole, dans l'alignement de la mèche ; on achève de piqueter le premier, et on place, comme à celui-ci, les piquets du deuxième, excepté les deux derniers, en les plaçant tous de quatre en quatre harts.

Troisième saucisson du premier rang. On place le troisième saucisson et tous les autres du premier rang de la même manière que le 2e. On garnit avec de la terre bien damée le dos de tous les saucissons, à mesure que leur piquettement est achevé.

105. *Deuxième rang de saucissons.* On commence le deuxième rang de saucissons par un saucisson de 6m, afin que les joints des saucissons de ce rang ne correspondent pas à ceux du premier. On appuie l'extrémité du premier et du dernier saucisson contre l'extrémité des saucissons des côtés : ceux-ci recouvrent les saucissons du revêtement intérieur sans nuire à leur talus ; on donne l'inclinaison voulue au moyen de la fausse équerre ; enfin on piquette comme il a été prescrit, et on garnit le dos de ces saucissons de terre bien damée.

106. *Troisième rang de saucissons et suivans.* Les autres rangs de saucissons jusqu'à la genouillère seront placés de la même manière, en observant toujours que les saucissons extrêmes des rangs impairs du revêtement intérieur servent d'appui à ceux des côtés, s'il y en a, et que ceux des rangs pairs des côtés portent sur les saucissons du rang inférieur de ce revêtement, et servent

d'appui à ceux du même rang sans gêner aussi leur talus, afin que les deux revêtemens se lient bien et se soutiennent mutuellement. Si les saucissons ont 32 centimètres de diamètre, il faudra quatre rangs pour former la genouillère, et il n'y aura pas de joint à l'emplacement de l'ouverture des embrasures : ce à quoi on devra avoir égard, quel que soit le diamètre des saucissons.

107. Pour consolider le revêtement, on plante dans le saucisson supérieur de la genouillère un piquet de choix vers le milieu des merlons, puis on embrasse ce piquet au-dessous du saucisson par une forte hart, et on l'arrête, en la tendant le plus possible, à un piquet à mentonnet solidement planté à 1^m environ dans l'intérieur du coffre, de sorte que la direction de la hart soit perpendiculaire à celle du saucisson ; ces harts doivent être placées avant que le dos du quatrième rang de saucissons soit garni de terre. Pour placer une hart de retraite à un saucisson déjà garni de terre sans le déplacer, on fixe la hart à la tête du piquet du saucisson en y faisant un cran un peu profond pour la retenir.

Revêtement des merlons.

108. Le revêtement des merlons se fait de la même manière que celui de la genouillère, avec des saucissons de $5^{m},46$ de long, et on les coupe bien carrément aux deux bouts, afin que l'ouverture intérieure soit verticale dans toute sa hauteur et de 54 centimètres. Après avoir aussi placé trois saucissons, on élève la terre de l'épaulement à 15 centimètres au-dessus, pour compléter la hauteur de $2^{m},30$ que doit avoir l'épaulement en cette partie. Quand on en a le temps, on couronne les revêtemens intérieurs, ceux des côtés et les joues d'embrasures, par une bordure de gazons, l'herbe en-dessus.

Revêtement du talus intérieur en gabions.

109. Le revêtement du talus intérieur en gabions est formé de deux rangs de gabions séparés par un rang de saucissons, et surmontés par une couche de terre destinée à compléter la hauteur de l'épaulement et préserver les gabions du choc immédiat des projectiles. Il faut éviter de placer le rang de saucissons sur le deuxième rang de gabions, comme on le fait quelquefois, parce que si le

saucisson est atteint, il entraîne une partie du revêtement, tandis qu'un gabion frappé par un projectile est ordinairement renversé seul ; il peut être immédiatement remplacé.

Pour faire le revêtement, les cinq canonniers creusent au pied du talus intérieur une rigole de 60 centimètres de large sur 6 de profondeur, en supposant le terrain horizontal, de manière que le plan du talus coupe le terre-plein suivant une horizontale qui sera le pied du talus intérieur. Deux canonniers posent ensuite les gabions sur le talus de manière que les deux piquets antérieurs se trouvent dans un plan parallèle au pied du talus, et que les gabions lui soient tangens ; ils appuient fortement sur le haut de chaque gabion pour faire enfoncer les pointes des piquets, jusqu'à ce que le fond pose bien sur le talus ; si on ne peut enfoncer les piques, même avec une masse, on scie les pointes des piquets, autant que possible, avant de les apporter à la batterie. On a soin que tous les gabions soient bien alignés et inclinés de la même quantité. Les gabions ainsi placés, on fixe chacun d'eux au moyen d'une hart de retraite, fixée d'une part à la partie supérieure d'un des piquets des gabions, et de l'autre à un piquet à mentonnet enfoncé dans l'intérieur de l'épaulement; après quoi deux canonniers remplissent les gabions avec de la terre que l'on dame au fur et à mesure qu'on l'y met. Les travailleurs de l'épaulement dament également la terre qu'ils jettent derrière, et pour l'empêcher de couler par les joints de deux gabions contigus, ils placent, s'il y a lieu, derrière cette jonction, un petit fagot de 1^{m} de long et de 11 centimètres de diamètre; mais généralement ce n'est pas nécessaire. S'il y a un retour formant traverse aux extrémités de la batterie, on donne aux trois derniers gabions de chaque extrémité du revêtement intérieur une inclinaison dans les deux sens, de manière que le troisième, qui est commun au revêtement du retour ou de la traverse, soit également incliné au dixième suivant le talus de ce retour. Lorsque le remblai du parapet est à la hauteur du premier rang de gabions, on le couronne par un rang de saucissons que l'on fixe à chaque gabion par un piquet; on place les saucissons de manière qu'ils soient tangens au pied du talus, et que leurs joints ne correspondent pas aux embrasures; on en place un deuxième rang en arrière contre le premier, et on le piquette de la même manière; on les joint bien pour que la terre ne tamise pas entre eux. Le dessus de ces deux rangs de saucissons doit être, autant que possible, parallèle au plan de la base, et s'il est nécessaire de les dresser, on frappe avec une masse sur les parties saillantes, et on relève celles qui rentrent en frappant sur les côtés. Sur ces deux rangs de saucissons, on place le deuxième rang de gabions de manière que leurs axes correspondent à ceux du premier rang, et qu'ils forment un retrait de la moitié du diamètre des saucissons antérieurs, afin que la terre dont on remplit ce deuxième rang de gabions ne puisse pas tamiser par leur fond sur le terre-plein de la batterie. On dame bien cette terre et celle qu'on place derrière les gabions, et on fixe chacun d'eux par une hart de retraite. On a soin de placer aussi, s'il y a lieu, derrière la jonction de ces gabions, un petit fagot destiné à empêcher la terre de tamiser, et de bien serrer le deuxième rang de gabions des merlons, afin que dix soient exactement contenus dans leur longueur. Comme il est impossible d'enfoncer les pointes des piquets des gabions dans les saucissons sans faire éclater leurs harts, on les scie avant de mettre les gabions du deuxième rang en place.

110. Si la batterie est de plein fouet, on scie la partie des saucissons comprise dans l'ouverture de chaque embrasure, de manière à réduire la hauteur de la genouillère à $1^{m},19$.

111. A défaut de saucissons, on formerait le revêtement de deux rangs de gabions surmontés d'une couche de terre d'une hauteur suffisante pour compléter la hauteur de l'épaulement. On place les gabions du deuxième rang de manière que chacun d'eux porte également sur ceux du premier, et qu'il ait un retrait de la moitié de son diamètre, ou de $0^{m},28$, afin que les terres dont on remplit ce deuxième rang de gabions, ne puissent pas tamiser par leur fond sur le terre-plein de la batterie. Cette espèce de revêtement convient plus particulièrement aux batteries sans embrasures.

Revêtement en claies.

112. Lorsque le clayonnage du revêtement

en claies se fait sur place, on l'exécute comme il a été dit art. 91. Lorsqu'on y emploie des claies de 2^{m} de long sur $1^{m},30$ de hauteur, on les lie fortement entre elles et avec des piquets et des pieux auxquels on donne l'inclinaison du talus intérieur. Le premier rang doit être enterré de $0^{m},30$; on creuse le long, en dehors de la trace du pied du talus intérieur, une rigole de $0^{m},30$ de profondeur sur $0^{m},10$ de largeur; on y enfonce de 2 en 2 mètres, à partir de 1^{m} d'une des extrémités de l'épaulement, et suivant l'inclinaison du talus intérieur, des pieux de 3^{m} de longueur qui sortent de terre de $2^{m},30$; on place dans la rigole un rang de claies dont la partie supérieure soit bien horizontale, et qui s'appuient et se joignent exactement contre la face intérieure des pieux: les 2 claies extrêmes doivent avoir la forme d'un trapèze, et des dimensions telles, qu'elles couvrent exactement les extrémités du talus intérieur. Lorsque l'épaulement est à embrasures, le milieu d'une des claies doit correspondre au milieu de chaque embrasure, et on place dessus un bout de saucisson pour compléter la hauteur de la genouillère. On lie les claies entre elles par de petites harts espacées de $0^m,30$, et on les fixe aux pieux et aux terres de l'épaulement par des harts de retraite placées à la partie supérieure de chaque rang de claies, de manière que chaque hart embrasse les extrémités de deux claies jointives; on y fait une coche à l'extrémité de chaque pièce pour y engager la hart. Pour empêcher les claies de ce premier rang de plier, on enfonce des pieux au milieu de l'intervalle, et dans leur alignement des piquets de $1^m,62$ de longueur, suivant l'inclinaison du talus intérieur, de manière qu'ils dépassent le premier rang de claies de $0^m,20$, et qu'ils s'appuient de cette quantité sur le deuxième rang; on les assujettit dans cette position par une hart de retraite placée à hauteur de la partie supérieure du premier rang de claies. On place le deuxième rang de claies sur le premier, en engageant les pointes de leurs piquets dans le tissu de celles-ci, en sorte qu'elles se joignent aussi contre la face intérieure des pieux. Lorsque l'épaulement est à embrasures, les claies qui forment leur ouverture intérieure doivent avoir une longueur de 2^m, moins la moitié de la largeur des embrasures, et les deux claies extrêmes doivent être en forme de trapèze, de manière à couvrir exactement les extrémités de la batterie ; on lie les claies de ce deuxième rang tant entre elles qu'avec celles du premier rang et aux terres de l'épaulement, et on dame fortement les terres de l'épaulement contre ce deuxième rang de claies.

113. On revêt les côtés de la batterie de la même manière que le talus intérieur, excepté que les deux claies extrêmes de chaque rang doivent avoir une longueur telle que celle du milieu ayant 2^{m} : trois claies suffisent pour revêtir la largeur de chaque côté ; on place un pieu non seulement à la jonction des claies, mais encore à la hauteur des deux crêtes de l'épaulement, et un piquet au milieu du talus intérieur ; enfin, on lie fortement entre elles, avec des harts espacées de 30 centimètres, les claies qui forment les angles de l'épaulement ; et pour que la poussée des terres ne les sépare pas, on met une hart de retraite à la partie supérieure de chaque rang de claies, ainsi qu'à la partie inférieure du deuxième rang, de manière que chaque

hart embrasse les extrémités de deux claies jointives, et que celle de la partie supérieure du deuxième rang de claies embrasse aussi l'extrémité du pieu à laquelle on fera une coche pour la contenir.

114. Le clayonnage fait sur place s'exécute plus facilement et plus promptement ; un canonnier aidé d'un manœuvre qui lui prépare et lui donne des clayons, peut faire 30 à 40 mètres de ce revêtement par jour.

115. Pour appliquer un revêtement en claies à un revêtement formé d'avance, on place d'abord les deux rangs de claies comme il a été dit ci-dessus, on enfonce ensuite les pieux et les piquets de manière à appuyer fortement les claies contre le talus de l'épaulement, et on maintient l'extrémité supérieure des pieux par des harts de retraite enfoncées de $0^{m},10$ dans la hauteur de l'épaulement : ces harts sont alors les seules qu'on puisse placer.

116. Les revêtemens en clayonnage sont longs et difficiles à exécuter et à réparer ; ils sont d'ailleurs peu solides. On ne les emploie que dans les places et pour les ouvrages de campagne qui n'ont besoin que de peu de

durée ; ils ont l'avantage de consommer peu de bois.

Construction des revêtemens en gazons avec des panneresses et des boutisses.

117. Pour former un revêtement avec des gazons en forme de parallèlepipèdes, on commence par bien damer et niveler le terrain sur lequel le revêtement doit être établi ; ensuite on trace avec un cordeau, à une distance du pied du talus des terres de l'épaulement égale à la longueur des boutisses, une ligne qui sera le pied du talus du revêtement, et on creuse en dedans de cet alignement une rigole d'une largeur égale à la longueur des boutisses, et d'une profondeur de $0^m,08$; les deux lignes du fond de cette rigole doivent être horizontales dans toute leur longueur, et le fond doit avoir une inclinaison légère vers l'épaulement : inclinaison que l'on doit conserver ensuite aux couches successives de gazons, afin que les joints de chacune d'elles se trouvent à peu près perpendiculaires au talus du revêtement. Enfin, après avoir établi des profils directeurs du talus du revêtement de 10^m en 10^m au

plus, on commence le revêtement en plaçant dans la rigole une couche de gazons à plat, l'herbe en dessous, de manière qu'il y ait alternativement deux panneresses et une boutisse, dont la largeur doit être placée sur le parement; on serre bien les gazons les uns contre les autres et contre le devant de la rigole, afin de rétrécir autant que possible les joints, et à cet effet, avant de poser les gazons, on les pare sur les côtés et sur le devant avec le tranchant de la pelle; on les dame ensuite avec le maillet. Cette première couche ainsi posée sur toute la longueur du revêtement, on met le dessus bien de niveau dans le sens de la longueur, et on conserve l'inclinaison première vers l'épaulement, en réduisant l'épaisseur des gazons à environ $0^m,12$; après quoi l'on remplit de terre l'intervalle qui se trouve entre les gazons et le talus naturel des terres, et on les dame bien jusqu'au niveau de cette couche; on pose ensuite, de la même manière, une deuxième couche de gazons, de sorte qu'ils débordent un peu l'alignement de la première couche; mais on n'en pare pas le devant, ayant soin de placer toujours les gazons plein sur joint, et que les boutisses se trouvent placées sur les joints de deux panneresses inférieures : à cet effet, la largeur des première et dernière panneresses des couches paires doit être réduite à $0^{m},16$ ou de moitié. Après avoir nivelé le dessus de la couche ainsi qu'il a été dit pour la première, on remplit de terre la face postérieure de la couche et on la dame bien. Si les terres sont légères, on fixe chaque gazon de cette couche et des suivantes au moyen d'un petit piquet de $0^{m},20$ enfoncé dans son milieu ; mais si elles ont peu de poussée, on en met seulement à ceux des angles et aux adjacens, et, dans tous les cas, à tous ceux des couches supérieures. On continue ainsi pour les couches suivantes, en plaçant toujours l'herbe des gazons en dessous, et les faisant déborder un peu sur l'alignement des profils directeurs jusqu'à la dernière couche, qui doit être tout en panneresses, et dont l'herbe doit être placée en dessous, de manière à se raccorder avec la surface supérieure de l'épaulement. Après avoir placé deux ou trois couches de gazons, on les coupe avec la pelle carrée, suivant le talus que doit avoir le revêtement;

ce qui s'exécute en tendant fortement un cordeau, entre deux profils, sur la partie supérieure de la dernière couche. Le gazonneur tourne le dos à l'épaulement, et appuie un pied sur le cordeau de manière à imprimer sa trace sur le gazon; il place ensuite une règle parallèlement et à $0^m,02$ environ, en dedans de cette trace, pose le pied gauche sur cette règle pour la tenir ferme, et avec le tranchant de la pelle carrée, dont il tient le manche avec les deux mains, et dont il fait glisser le fer le long de la règle, il coupe la partie des gazons qui se trouve en avant de la trace du cordeau, de manière à ne former qu'un plan avec les couches inférieures déjà coupées. Si cette construction a lieu en été, on doit arroser le gazonnage plusieurs fois par jour, jusqu'à ce que le tassement des terres soit fait, et que les racines de l'herbe aient repris.

118. On peut, pour aller plus vite, employer deux ateliers au lieu d'un seul au même revêtement; ils doivent commencer chaque couche de gazons ensemble, au milieu de la longueur du revêtement, et marcher vers les extrémités, d'où ils reviennent

au premier point de départ pour former une deuxième couche, en ayant soin de mettre toujours plein sur joint. Si le pied du talus forme une ligne brisée, on doit commencer par l'angle et gazonner ensuite à droite et à gauche, en allant vers les extrémités. On aura soin de mettre alternativement à cet angle et à chaque couche une boutisse et une panneresse, et on les placera de manière que le sommet de l'angle se trouve au milieu de leur largeur; on donnera à la boutisse une largeur égale à sa longueur, afin que les joints des gazons latéraux des diverses couches ne se correspondent pas; on évitera de gazonner au milieu et aux extrémités, parce que les raccordemens sont fort difficiles.

Construction des revêtemens avec des gazons sous forme de coins.

119. La manière de gazonner avec des gazons sous forme de coins est la même que la précédente, excepté que les gazons ont tous la même longueur, et doivent être placés de telle sorte, que leur tranchant soit dans l'épaisseur de l'épaulement; il est sur-

tout essentiel de bien damer les terres à chaque couche et d'en couvrir la partie supérieure du biseau des gazons, de manière qu'elle soit perpendiculaire au talus du revêtement et que la terre fasse corps avec les gazons. Les revêtemens faits avec ces derniers gazons ont moins de solidité que ceux faits avec les premiers.

Placage en gazons.

120. On place quelquefois sur le talus et sur la plongée un placage en gazons posés de plat, l'herbe en dehors et fixée avec quelques petits piquets d'osier: ce placage n'a aucune solidité; cependant il peut être utile de l'employer sur des terres sablonneuses, surtout dans les batteries de côte, pour empêcher que les pluies et les vents ne dégradent l'épaulement.

Passons maintenant au revêtement des joues d'embrasures.

Revêtement des joues d'embrasures en saucissons.

121. On fixe les alignemens des joues par des piquets, et l'on pratique en dehors de ces alignemens deux rigoles auxquelles on donne la pente du fond de l'embrasure; on

coupe carrément un des bouts de deux saucissons ; on en place un dans chaque rigole de manière que le bout scié soit appuyé contre le derrière des saucissons des merlons, et se raccorde avec leurs extrémités sans les déborder ni en être débordé, et que l'autre bout soit appuyé contre le piquet de l'ouverture extérieure ; après quoi on les piquette avec soin et on dame fortement les terres qu'on met derrière. On pose successivement à chaque joue le deuxième et le troisième saucisson, de sorte qu'ils portent verticalement et totalement les uns sur les autres à l'entrée de l'embrasure, qu'ils s'appuient contre le derrière des saucissons des merlons comme le premier, et que de là ils se dégagent peu à peu, de manière que l'autre extrémité de chacun d'eux ne porte que sur les 2/3 du saucisson inférieur, afin que les joues aient en cette partie le talus de trois de hauteur sur un de base. Dès qu'un saucisson est placé, on le piquette avec soin et on dame fortement les terres qu'on met derrière. Excepté devant l'ennemi, on scie l'extrémité du saucisson suivant l'inclinaison du talus extérieur. Enfin on dame fortement les terres de l'épaulement et on leur donne la plongée voulue.

Revêtement des joues d'embrasures en gabions.

122. C'est surtout dans le revêtement des joues d'embrasures que les gabions ont une supériorité incontestable sur toute autre espèce de revêtement. Le déplacement d'un saucisson détruit le revêtement et oblige à suspendre le feu; un gabion est-il frappé, on l'enlève sur-le-champ et on continue le feu. On revêtira donc, autant que possible, les joues d'embrasures avec des gabions, ce qui se fera de la manière suivante:

Dans les batteries de plein fouet.

On fait de chaque côté de l'alignement des joues de l'embrasure une excavation d'une largeur un peu plus grande que le diamètre des gabions, suivant l'inclinaison du fond de l'embrasure. On place ensuite un gabion verticalement, les pointes en bas et enfoncées en terre, contre le derrière de l'extrémité du saucisson supérieur du merlon, en sorte que la hauteur du gabion se raccorde avec celle des extrémités du saucisson, en ayant soin que l'arête du gabion qui est dans l'embrasure soit verticale et ne dépasse pas l'ouverture intérieure. On place provisoirement à côté de celui-ci, dans l'alignement du fond de la joue de l'embrasure, les huit autres gabions qui doivent la compléter. On donne ensuite au dernier une inclinaison de 1 de base sur 3 de hauteur ; on tend un cordeau qui soit tangent à la circonférence supérieure des deux gabions extrêmes, après quoi on incline les sept gabions intermédiaires, de sorte que leur circonférence supérieure soit aussi tangente au cordeau. Chacun d'eux est maintenu dans cette position par une hart de retraite, et on dame fortement les terres qu'on met derrière, ainsi que celles dont on les remplit. On termine la partie supérieure de l'épaulement par un talus en terre incliné suivant le talus naturel des terres.

Dans les batteries à ricochet.

123. Dans les batteries à ricochet, où le fond des embrasures est incliné de l'intérieur à l'extérieur, on ne met à chaque joue que les deux gabions les plus rapprochés de l'ouverture intérieure, et on termine le reste en un talus prolongé jusqu'à la crête extérieure.

Revêtement des joues d'embrasures en gazons.

124. Le revêtement en gazons des joues d'embrasures est formé par des couches successives de gazons de même épaisseur, placées au moyen d'un cordeau suivant des lignes droites qui s'appuient sur les deux intersections de l'ouverture intérieure et de l'ouverture extérieure de l'embrasure avec les talus correspondans de l'épaulement; c'est-à-dire que toutes ces couches coupent le talus intérieur suivant une ligne droite comprise dans un plan vertical parallèle à la directrice de l'embrasure, et le talus extérieur suivant des échelons de 1 de base sur 3 de hauteur.

Bien que cette construction ne donne pas aux joues de l'embrasure la forme indiquée art. 26, on l'a adoptée parce qu'elle est très-simple et très-facile.

PLATES-FORMES.

125. Les plates-formes sont des planchers sur lesquels sont assises les bouches à feu, et qui sont destinées à faciliter le pointage et assurer leur service.

On distingue les plates-formes pour affûts de siège, de place, de côte et de campagne.

Plates-formes de siège.

126. Elles sont communes aux canons et aux obusiers. Elles doivent être commencées immédiatement après le tracé des embrasures et de leurs directrices, qui sont aussi celles des plates-formes.

Dimensions et quantité des bois nécessaires, pl. 6.

127. Elles se composent d'un heurtoir de $0^m,21$ d'équarrissage sur $2^m,10$ de longueur; de trois gîtes de 135 millimètres d'équarrissage et de $4^m,55$ de longueur; de quatorze madriers de $0^m,32$ de largeur, de $0^m,054$ d'épaisseur et de $5^m,25$ de longueur; enfin de cinq piquets si l'embrasure est directe, et de six si l'embrasure est oblique, plus quatre pour les chevalets. Ces objets sont

généralement, et autant que possible, en bois de chêne.

Préparation du terrain.

128. Après avoir aplani et affermi l'emplacement des plates-formes, on dispose le sol au pied du talus intérieur horizontalement dans une direction perpendiculaire à la directrice, à $1^{m},19$ au-dessous de la genouillère si la batterie doit être de plein fouet; et à $1^{m},33$ si elle doit être à ricochet, et avoir le fond des embrasures incliné de l'extérieur à l'intérieur.

Placement des gîtes.

129. On creuse suivant la direction de la directrice une rigole de 18 à 20 centimètres de largeur, de $4^{m},90$ à $5^{m},20$ de longueur et de $0^{m},135$ de profondeur au pied de l'épaulement, et on la diminue jusqu'à la rendre nulle à l'autre bout, si la batterie est de plein fouet; et si elle doit être à ricochet, on la creuse horizontalement. A droite et à gauche de celle-ci, et à $0^{m},81$ de distance, on fait de même deux autres rigoles, et on raffermit le fond des trois en damant avec soin, surtout si les terres sont rapportées.

130. Si l'embrasure est directe, on pose le premier gîte dans la rigole du milieu, une de ses extrémités contre l'épaulement, et à 1^{m},19 au-dessous du fond de l'embrasure, si la batterie est de plein fouet, et à 1^{m},33 si elle est à ricochet, et si le fond des embrasures est incliné de l'extérieur à l'intérieur.

On vérifie avec un fil à plomb si ce premier gîte est divisé en deux parties égales par le plan vertical passant par la directrice.

131. Si la batterie est à ricochet, ce gîte doit être de niveau dans toute sa longueur.

132. Dans les batteries de plein fouet, qui doivent tirer à la plus forte charge de guerre, on donne à ce gîte une inclinaison de 40 millimètres par mètre. Dans les autres batteries, 16 centimètres de pente suffisent pour le gîte de 4^{m},55 de longueur. On lui donne cette pente en plaçant un morceau de bois de 16 centimètres de hauteur debout à son extrémité, et en haussant ou baissant le gîte jusqu'à ce qu'il soit rendu horizontal au moyen d'un niveau de maçon.

133. Les deux autres gîtes sont placés

dans les rigoles, leur axe à $0^m,81$ de celui du premier, bien parallèles, et leur surface supérieure dans le même plan : ce dont on s'assure en posant aux extrémités du premier gîte une règle perpendiculaire à sa longueur, et disposant les deux autres gîtes de manière qu'ils touchent la règle dans toute sa longueur. On remplit les rigoles de terre, on égalise les intervalles des gîtes, on dame la terre par lits avec soin, afin de bien affermir les gîtes sans les déranger.

134. La pente que l'on donne aux gîtes de l'arrière à l'avant sert à diminuer le recul et à faciliter la mise en batterie ; mais il faut éviter d'en donner une trop grande qui contribuerait à tourmenter les affûts. On doit s'en tenir à celle de $0^m,16$, qui tient, dit Cormontaingne, *un juste milieu entre l'intérêt du roi et la peine du soldat*. Les pièces tirant à ricochet ont leurs plates-formes horizontales.

135. Si l'embrasure est oblique, on place l'extrémité du gîte du milieu contre l'épaulement, et l'extrémité des deux autres sur une perpendiculaire à la directrice menée par l'extrémité du premier.

136. Dans un terrain mouvant, on met cinq gîtes au lieu de trois; ils sont équidistans, et les deux extrêmes restent à la même distance de celui du milieu.

Placement du heurtoir.

137. Les gîtes ainsi placés servent de base et de fondation à la plate-forme. Le heurtoir étant destiné à servir d'appui aux roues de l'affût lorsque la pièce est en batterie, à assurer le tir dans la direction de son principal effet, à empêcher que les roues ne dégradent l'épaulement, on le place perpendiculairement à la directrice et le plus près possible du revêtement intérieur, qu'il doit toucher dans toute sa longueur, lorsque l'embrasure est directe, et seulement par une de ses extrémités, lorsqu'elle est oblique. Dans tous les cas, le milieu du heurtoir doit se trouver sur la directrice. Pour le placer, lorsque l'embrasure est oblique, on met le heurtoir à vue perpendiculairement à la directrice et ayant son milieu sur cette ligne; on prend un cordeau plus long que le heurtoir, et tenant les deux bouts de ce cordeau contre ceux du heurtoir, on tient

le milieu du cordeau sur la directrice; on tend les deux côtés en faisant pivoter le heurtoir sur son centre, et on le fait glisser sur les gîtes parallèlement à lui-même, jusqu'à ce qu'une de ses extrémités s'appuie contre le revêtement. On fixe invariablement le heurtoir dans cette position, en enfonçant un piquet à chaque bout contre le milieu de sa largeur, et un autre derrière l'extrémité qui ne touche pas l'épaulement. Enfin, on remplit de terre l'espace qui se trouve entre lui et l'épaulement, et on dame avec soin sans déranger le heurtoir. Si l'embrasure est directe, on ne met que deux piquets aux extrémités du heurtoir.

138. On place le heurtoir sur l'extrémité des gîtes, afin de bien assurer sa position, parce que sa base est plus solide que s'il était sur la terre.

Placement des madriers.

139. On pose les madriers sur leur plat, perpendiculairement aux gîtes, le premier contre le heurtoir, ses deux bouts le dépassant également de chaque côté, et tous joignant le mieux possible entre eux. Si ces

madriers n'ont pas la même longueur, on met le plus court le premier, et ainsi de suite jusqu'au dernier qu'on a rête avec trois piquets, dont un à chaque bout et un au milieu. Ces piquets étant destinés à contenir la plate-forme, doivent s'appliquer exactement contre le bord du dernier madrier et bien araser son plan supérieur.

140. On garnit de terre bien damée le pourtour des madriers, sur une largeur de $0^m,16$ de chaque côté, et de $0^m,50$ derrière; on donne un talus en gouttière au terrain qui se trouve entre deux plates-formes consécutives, avec une pente de $0^m,12$ sur 6^m, pour faciliter l'écoulement des eaux pluviales, en arrière et hors de la batterie : si les localités l'exigent, on y creuse un puisard pour les recevoir.

Chevalets pour les armemens.

141. Aux batteries de canon, on place à la droite de chaque plate-forme, et au milieu de l'intervalle qui les sépare, deux chevalets distans entre eux de $2^m,92$, le premier à $1^m,50$ de l'épaulement : ces chevalets sont destinés à recevoir l'écou-

villon, le refouloir et le tire-bourre; si la batterie est pour obusiers ou mortiers, on espace seulement les deux chevalets de $0^{m},65$, à cause de la moindre longueur des hampes de leurs armemens; dans les batteries de mortiers, on place le premier chevalet à $2^{m},30$ de l'épaulement.

Chacun de ces chevalets est fait de deux piquets de $0^{m},80$ de long, qu'on enfonce en terre d'environ $0^{m},30$, se croisant à angle droit, à peu près vers le milieu de la partie qui est hors de terre, et qu'on assujettit dans cette position en les liant fortement avec de la mèche. Dans les écoles, on enfonce de plus un sabot en bois sur la droite de chaque plate-forme, et à $0^{m},50$ de la place du deuxième servant, pour recevoir le boute-feu.

142. Cinq canonniers dirigés par un sous-officier construisent facilement cette espèce de plate-forme en deux heures; il faut près de trois heures pour la faire avec trois canonniers.

143. On fait usage dans les batteries à ricochet, où le recul est presque insensible, de plates-formes volantes, dites à la prus-

sienne ; elles sont composées d'un heurtoir, de trois gîtes de 2^m,275 de longueur, de quatre madriers, dont deux de 3^m,25 de long, et deux de 1^m, 625, d'un bout de madrier de 0^m,80 de long et de 20 piquets ; le heurtoir se place comme dans les batteries de plein fouet ; les gîtes sont horizontaux et parallèles au heurtoir, le premier à 0^m,40, le second à 1^m,10 du premier, et le troisième à 1^m,10 du second, dans des rigoles de 0^m,13 de profondeur ; le bout de madrier est tenu horizontal et parallèle aux gîtes, à un mètre en arrière du troisième, enfoncé en terre de toute son épaisseur. On place les deux madriers de 3^m,25 de longueur horizontalement et parallèlement à la directrice ; l'intervalle entre leurs milieux est 1^m.62, pour servir d'appui aux roues ; une de leurs extrémités touche le heurtoir, et on assujettit chacun d'eux dans cette position par cinq piquets ; on place les deux autres madriers jointifs de chaque côté de la directrice, pour servir d'appui aux crosses de l'affût, de manière que leur extrémité antérieure soit à 2^m,70 du heurtoir, et on les assujettit dans cette position par huit piquets, dont quatre à chaque extrémité : un madrier placé dans l'alignement de la directrice suffit pour les affûts de siège, nouveau modèle.

Ces plates-formes emploient très-peu de bois et peuvent être réparées en très-peu de temps. On en fait usage dans la défense des places, pour le tir de plein fouet des pièces de petit calibre, dont le champ est très-limité ; alors on donne aux madriers l'inclinaison ordinaire de $0^m,12$.

Plates-formes de mortiers.

144. Les plates-formes de mortiers sont horizontales, afin que les mortiers puissent être tirés dans plusieurs directions ; et cette condition doit être rigoureusement remplie avec les mortiers actuellement en usage, parce qu'elle influe singulièrement sur la justesse du tir.

145. Ces plates-formes se composent de trois gîtes ou lambourdes et de onze lambourdes de recouvrement, pour mortiers de 12 pouces et 10 pouces à grande portée, et de neuf lambourdes pour mortiers

de 10 pouces ordinaires et de 8 pouces, plus dix piquets dont quatre pour les chevalets. Les gîtes ou lambourdes ont $0^m,21$ d'équarrissage; les gîtes pour mortiers de 12 pouces ont $2^m,30$ de longueur; ceux pour mortiers de 10 à 8 pouces, ainsi que toutes les lambourdes de recouvrement, ont $1^m,95$ de longueur.

Les directrices des mortiers devant diviser leurs plates-formes en deux parties égales, on plante sur chacune d'elles deux piquets aux points où doit commencer et finir chaque plate-forme, le premier à $2^m,30$ du pied du talus de l'épaulement, et le second à $2^m,60$ du premier, pour les plates-formes des mortiers de 12 et de 10 pouces à grande portée, et à $2^m,30$ pour mortiers de 10 ou 8 pouces. On élève à chacun de ces points une perpendiculaire à la directrice; sur ces deux perpendiculaires, on porte $1^m,00$ de chaque côté de la directrice, et on trace ainsi un espace rectangulaire qui, dans le premier cas, aura $2^m,60$ de longueur sur $2^m,00$ de largeur, et, dans le second cas, $2^m,30$ de longueur sur $2^m,00$ de largeur.

On creuse tout cet espace de 0m,10; on y forme ensuite trois rigoles équidistantes et parallèles, d'une longueur égale à celle du rectangle, sur 0m,27 de largeur et 0m,21 de profondeur, la première suivant la directrice, qui devra diviser sa largeur en deux parties égales, et le milieu des deux autres à 0m,81 de chaque côté du milieu de la première. Après avoir bien nivelé et affermi le fond de ces rigoles, on y place les trois gîtes de fondation, de manière que leur bout le plus près de l'épaulement se trouve sur la perpendiculaire à la directrice élevée au point qui marque la distance du devant de la plateforme au pied du talus intérieur de l'épaulement. Le gîte du milieu doit être divisé dans sa longueur, en deux parties égales, par un plan vertical passant par la directrice; le milieu des deux autres doit être parallèle et à 0m,81 de celui-ci. On met la surface supérieure des trois gîtes dans un même plan horizontal, au moyen d'une règle et d'un niveau de maçon; après cela on remplit les rigoles de terre et on dame fortement entre les gîtes sans les déranger;

on place dessus les lambourdes de recouvrement, perpendiculairement aux gîtes du fond, la première du côté de l'épaulement, arasant exactement les bouts des gîtes, et son milieu dans le plan vertical passant par la directrice; la deuxième appuyée contre la première, et ainsi de suite jusqu'à la dernière. On arrête ces lambourdes par six piquets, dont trois en avant et trois en arrière de la plate-forme; si le plan supérieur des lambourdes présente des inégalités, on le dresse soigneusement à coups d'essette, pour que les affûts de mortiers portent solidement sur la plate-forme.

D'après les dimensions précédentes, la surface de la plate-forme domine le terrain de $0^{m},11$. On garnit avec soin son pourtour de terre, et on dame bien en formant un talus depuis la partie supérieure des lambourdes. On donne un talus en gouttière au terrain qui se trouve entre deux plates-formes, et l'on place les chevalets comme il a été dit art. 141. Cinq canonniers peuvent construire facilement une plate-forme pour mortier de 12 ou de 10 pouces à grande portée, en deux heures, et trois hommes une plate-forme pour mortier de 8 pouces dans le même temps, les matériaux nécessaires étant rendus sur place. On met autant que possible toutes les plates-formes de niveau.

Batteries de mortiers tirant à ricochet.

146. Lorsque la batterie est destinée à tirer des bombes à ricochet, on modifie sa construction. On incline de 16 centimètres le massif de terre sur lequel la plate-forme est établie, afin de diminuer le recul de l'affût ; on ménage ce massif en creusant le terre-plein, afin qu'il ne soit pas formé de terres rapportées et qu'il ait plus de consistance; du reste on établit la plate-forme comme en terrain horizontal, en conservant toutefois à sa surface supérieure l'inclinaison de $0^{m},16$; et au lieu de mettre trois piquets en avant et trois en arrière, on en met seulement deux en avant et quatre en arrière. On ouvre pour chaque mortier une embrasure dont la genouillère a $1^{m},50$, dont le fond est incliné de $0^{m},27$ de l'extérieur à l'intérieur, et dont l'ouverture intérieure a 1 mètre de largeur au fond, et plus s'il

est nécessaire. Enfin, on forme les joues de l'embrasure en talus, ayant à l'ouverture extérieure 1 de base sur 5 de hauteur; de cette manière les mortiers pourront être facilement tirés sous l'angle de 18 et même de 15 degrés.

Plates-formes pour affûts de place.

147. Le terre-plein de ces plates-formes doit être horizontal et avoir une largeur de 5m pour les deux espèces d'affûts, quoiqu'elle puisse être moindre pour l'affût de place et de côte du nouveau modèle; mais on lui donne toujours cette largeur, parce qu'au besoin elle est suffisante pour y mettre en batterie des pièces montées sur affût de siége.

Plates-formes pour canons de gros calibre montés sur affûts de place, Gribeauval modifié.

148. Les plates-formes pour affûts de place, Gribeauval modifié, se composent: 1.° d'un contre-lisoir de 1m,48 de longueur, 0m,245 de largeur, et de 0m,210 de hauteur à la partie antérieure, et de 0m,217 à la partie postérieure; ses extrémités sont entaillées dans une longueur de 0m,225

et de 0^{m},135 de hauteur, pour recevoir les extrémités des deux poutrelles, et son milieu est percé d'un trou rond pour recevoir la cheville ouvrière; 2.° de cinq poutrelles de fondation dont trois grandes et deux petites, ayant toutes 0^{m}.135 d'équarrissage; les deux petites ont 0^{m},650 de longueur, et les trois grandes 3^{m},900 ; une d'entre elles est dite du milieu et les deux autres latérales ; une des extrémités de ces deux dernières est coupée en biseau, de manière à se raccorder avec la surface supérieure du contre-lisoir; 3.° de cinq gîtes ayant tous 0^{m},135 d'équarrissage, un 2^{m},11 de longueur, deux autres 1^{m},300, et les deux autres 2^{m},030; 4.° de vingt-huit piquets à plate-forme; 5.° d'un bout de madrier mobile de 1^{m} de longueur, pour servir d'appui aux leviers qui aident à diriger la pièce dans les terrains mous et compressibles, et qui est placé sous l'auget du châssis de l'affût de place, à hauteur de la plaque d'appui des leviers.

Préparation du terrain, pl. 6.

149. A 1^{m},50 au-dessous de la crête du

parapet, lorsque les pièces doivent tirer à barbette, et à $1^{m},82$ lorsqu'elles doivent tirer à embrasure, on forme un terre-plein horizontal de 5^{m} de largeur et de 5^{m} de longueur; on dame bien les terres remblayées par couches horizontales, de manière qu'elles s'affaissent ensuite le moins possible sous le poids des pièces et de leurs affûts ; à $1^{m},643$ du pied du talus intérieur, on trace une ligne qui lui soit parallèle, et, dans cette largeur, on creuse une tranchée de $0^{m},135$ de profondeur égale à l'équarrissage des gîtes.

Placement du contre-lisoir.

150. La directrice de l'embrasure, lorsqu'il doit y en avoir, et, dans le cas contraire, la direction principale de la pièce devant diviser la plate-forme en deux parties égales, on creuse à $0^{m},66$ du pied du talus intérieur, et perpendiculairement à la directrice, une rigole de $1^{m},50$ de longueur, de $0^{m},25$ de largeur et de $0^{m},217$ de profondeur. On place le contre-lisoir dans cette rigole perpendiculairement à la directrice, de manière que le centre du trou destiné à

recevoir la cheville ouvrière se trouve sur la directrice et à 0^m,785 du pied du talus intérieur, et que sa face supérieure soit horizontale dans le sens de sa longueur. On assujettit le contre-lisoir dans cette position par six piquets placés comme il est indiqué sur le dessin, et on garnit son pourtour de terre bien damée. Alors sa surface supérieure se trouve, dans les batteries à barbette, à 1^m,635 au-dessous de la crête du parapet, et dans celles à embrasure, à 1^m,955.

Placement des poutrelles.

151. On creuse suivant la directrice une rigole de 0^m,135 de profondeur, de 18 à 20 centimètres de largeur, et de 4^m,00 de longueur, à partir du contre-lisoir ; on y pose la poutrelle du milieu, l'une de ses extrémités appuyée contre le milieu du derrière du contre-lisoir, la face supérieure horizontale dans tous les sens, à hauteur du derrière du contre-lisoir, et divisée en deux parties égales, dans toute sa longueur, par un plan vertical passant par la directrice ; on garnit son pourtour

de terre bien damée ; on creuse deux autres rigoles pareilles à la première, dans la direction des entailles des extrémités du contre-lisoir, et aboutissant à $1^m,730$ de l'extrémité postérieure de la poutrelle du milieu qui se trouve de leur côté ; on y place les poutrelles latérales, l'extrémité coupée en biseau dans l'entaille du contre-lisoir, ainsi que l'indique la figure, et l'autre éloignée de $1^m,730$ du bout d'arrière de la poutrelle du milieu, de manière que la face supérieure soit dans le même plan horizontal que celle de la poutrelle du milieu. Pour établir cette horizontalité, il est nécessaire de creuser les rigoles destinées à recevoir les gîtes dont il est fait mention ci-après ; on garnit le pourtour des poutrelles de terre bien damée ; on creuse deux autres rigoles de $0^m,660$ de longueur, parallèlement aux deux dernières, et à $0^m,820$ de distance, dans les intervalles des trois premières ; on y place les deux petites poutrelles parallèlement aux deux grandes latérales, de manière que leur face supérieure soit dans le même plan horizontal que celle des trois grandes poutrelles, et que leur bout d'arrière se trouve dans le prolongement de celui des poutrelles latérales; on garnit leur pourtour de terre bien damée.

Placement des gîtes.

152. On place le gîte de $2^m,11$ sur les poutrelles, parallèlement au contre-lisoir, et à $0^m,600$ de distance, de manière que la directrice divise sa longueur en deux parties égales, et on en assujettit chacune de ses extrémités par trois piquets. On creuse perpendiculairement aux poutrelles latérales deux rigoles de 0^m, 135 de profondeur et de $1^m,40$ de longueur, qui se rencontrent sur la directrice à $1^m,355$ du derrière du contre-lisoir. On place les deux gîtes de $1^m,30$ de longueur, de manière qu'ils reposent sur les poutrelles, et qu'une de leurs extrémités, coupée en biseau, se joigne suivant la directrice à $1^m,355$ du derrière du contre-lisoir, et que l'autre extrémité coupe l'arête intérieure de la poutrelle latérale à $1^m,380$ du contre-lisoir; on garnit le pourtour de ces gîtes de terre bien damée, et on assujettit leurs extré-

mités par huit piquets. On creuse perpendiculairement aux poutrelles latérales deux autres rigoles de $2^m,40$ de longueur, de la même profondeur que les deux premières, qui en soient à 2^m de distance, et qui se rencontrent sur la directrice à $2^m,11$ de l'angle formé par deux premiers gîtes brisés. On y place les deux gîtes de $2^m,30$ de longueur, de manière qu'ils reposent sur les poutrelles, qu'une de leurs extrémités, coupée en biseau, se joigne suivant la directrice à $2^m,11$ des premiers gîtes brisés; on garnit leur pourtour de terre bien damée et on les assujettit par huit piquets. La face supérieure de ces cinq gîtes, ainsi que la terre qui les sépare, doit se trouver dans un même plan horizontal, distant de $0^m,135$ de la face supérieure du contre-lisoir; et on l'y mettra au besoin, afin que le châssis de l'affût de place puisse y reposer de toute sa longueur et s'y mouvoir avec facilité.

Temps nécessaire à leur construction.

153. Cinq canonniers dirigés par un sous-officier peuvent construire facilement une

plate-forme de cette espèce, le terrain étant préparé d'avance dans une heure dix minutes ; ils ont besoin, outre les matériaux indiqués à l'article 148, de deux pelles, de trois pioches, d'une règle et d'un niveau de maçon.

154. La plate-forme pour canon de 12 ou de 8 se fait de la même manière que la précédente pour affût de 24 ou de 16 ; seulement, comme le châssis est plus court, on supprimera le gîte placé à 0^{m},60 du derrière du contre-lisoir, et on reportera en avant les gîtes en chevrons, de toute la quantité nécessaire pour les faire correspondre aux entretoises du milieu et du derrière du châssis : il ne faut alors que vingt-deux piquets.

Plates-formes pour affût de place et de côte du nouveau modèle.

155. Les plates-formes pour affûts de place et de côte du nouveau modèle se composent : 1.° de trois madriers placés bout à bout et de quatre madriers-gîtes sous leurs extrémités ; ces sept madriers ont tous 85 millimètres d'épaisseur et 0^{m},30 de largeur : les trois premiers ont d'un côté 1^{m},14 de long, et de l'autre 1^{m},26 ; les quatre madriers-gîtes ont chacun 1^{m},00 de long ; 2.° de six piquets

à plate-forme et de douze broches en fer à tête ronde, de $0^m,130$ de long et de $0^m,009$ de diamètre.

Placement du petit châssis, pl. 6.

Le terre-plein de la plate-forme étant nivelé et bien affermi pour le tir à barbette à $1^m,50$ au-dessous de la crête du parapet, et pour celui à embrasure à $1^m,82$, on creuse deux rigoles perpendiculaires entre elles, de $0^m,18$ de profondeur, $0^m,32$ de largeur et de $1^m,40$ de longueur, de manière qu'elles soient divisées en deux parties égales par un plan vertical passant par la directrice de la plate-forme, l'une dans le sens de sa largeur et l'autre dans celui de sa longueur, et que l'extrémité de la première touche le pied de l'épaulement; on y place le petit châssis de l'affût de manière que la surface supérieure de ses quatre branches soit dans le même plan horizontal que le terre-plein de la batterie, et que le centre du trou de la cheville ouvrière soit à $0^m,65$ du pied du talus de l'épaulement; on l'assujettit dans cette position par six piquets à plate-forme.

Placement des madriers.

156. Du trou de la cheville ouvrière du

petit châssis comme centre, et avec deux rayons de $2^m,90$ et de $3^m,26$, on trace, de chaque côté de la directrice, deux arcs de cercle d'un développement moyen de $3^m,00$; on creuse de $0^m,085$ l'espace compris entre ces deux arcs, on le divise en trois parties égales, et on joint les quatre extrémités de ces parties et le centre de la cheville ouvrière par des rayons qui indiquent les deux jonctions des trois madriers et leurs limites latérales. On creuse suivant ces rayons, et dans une longueur de $1^m,20$, quatre rigoles de $0^m,085$ de profondeur et de $0^m,30$ de largeur, divisées en deux parties égales par les rayons dont il vient d'être question et par la rigole circulaire; on loge dans chacune d'elles un madrier-gîte de $1^m,00$ de longueur, dont la surface supérieure doit être exactement horizontale, et dont une extrémité dépasse le plus grand rayon de la rigole circulaire de $0^m,35$, et on garnit leur pourtour de terre bien damée. On pose ensuite sur ces quatre madriers-gîtes les trois autres madriers, de manière que leurs extrémités se trouvent sur les quatre rayons dont il a été fait mention ci-dessus, et que leur surface supérieure soit exactement horizontale et de niveau, tant avec le terre-plein de la batterie qu'avec la surface supérieure des quatre branches du petit châssis. On fixe chacune de leurs extrémités, par deux broches en fer, avec les madriers-gîtes; enfin, on garnit les côtés de ces madriers de terre bien damée, et on fait entre deux plates-formes consécutives une rigole pour faciliter l'écoulement des eaux pluviales en arrière de la batterie, comme dans les batteries de siège.

Dans les batteries de côte, on place cinq madriers au lieu de trois, et par conséquent six madriers-gites, afin que le champ de tir des pièces soit de 45° de chaque côté de la directrice, et en tout de 90°; il faut alors vingt broches en fer au lieu de douze.

Temps nécessaire à leur construction.

Cinq canonniers peuvent faire une plate-forme de cette espèce, pour les places, en 40 minutes, et pour la côte, en une heure, le terrain étant préparé. Ils ont besoin, en outre, des matériaux indiqués à l'article 155, de deux pelles, deux pioches, une règle et un niveau de maçon.

157. On place deux chevalets pour recevoir les armemens, ainsi qu'il a été dit pour les batteries de siège.

Terres fournies par la banquette et l'embrasure; terres nécessaires pour établir la plate-forme.

158. Dans les batteries à barbette, le terre-plein de la plate-forme pour affût de place de Gribeauval modifié, et pour affûts de place et côte du nouveau modèle, se trouvant à $1^m,50$ au-dessous de la crête du parapet, la banquette est entaillée de $0^m,10$ de profondeur, et fournit $0^m,134$ de terre par mètre courant, environ $0^m,67$ pour les cinq mètres de longueur destinés à chaque pièce, non compris le foisonnement. Il faut $3^m,90$ par mètre courant, ou $19^m,50$ pour compléter à 5^m la largeur du terre-plein de la plate-forme; il manquera, par conséquent, $18^m,33$ de terre par pièce, y compris le foisonnement, qu'on devra prendre soit dans les fossés, soit dans les autres localités les plus rapprochées de l'emplacement des pièces où on pourra se les procurer.

159. Dans les batteries pour affûts de place de Gribeauval modifiés, dont les em-

brasures ont $0^{m},52$ de profondeur, la plate-forme se trouvant à $1^{m},82$ au-dessous de la crête du parapet, la banquette est entaillée de $0^{m},42$ de profondeur, et fournit $0^{m},6552$ par mètre courant, ou $3^{m},276$ pour les $5^{m},00$ de longueur destinés à chaque pièce. L'excavation de $0^{m},135$ de profondeur, faite entre le premier gîte et le talus intérieur, fournit $0^{m.cc},18$ de terre par mètre courant, ou $0^{m.cc},90$ pour les $5^{m},00$; et l'excavation nécessaire pour le placement du contre-lisoir, des poutrelles et des gîtes, environ $0^{m.cc},656$. L'embrasure fournit, en outre, environ $6^{m.cc},096$, y compris les terres à extraire du parapet, pour y placer les deux saucissons qui forment les joues de l'embrasure. Il y aura donc $10^{m.cc},928$ de terres disponibles pour compléter à $5^{m},00$ la largeur du terre-plein de la plate-forme : quantité qui est plus que suffisante pour fournir les $10^{m.cc},472$ des terres qui sont nécessaires pour cet objet.

160. Dans les batteries pour affûts de place et de côte, du nouveau modèle, dont les embrasures ont aussi $0^{m},52$ de profondeur, le terre-plein de la plate-forme se

trouvant dans toute sa largeur à $1^{m},82$ au-dessous de la crête du parapet, la quantité de terre fournie par la banquette sera comme ci-dessus, de $3^{m},276$, et celle de l'embrasure de $6^{m},096$; il y aura donc $9^{m.cc},372$ de terres disponibles, par pièce, pour compléter à $5^{m},00$ la largeur du terre-plein : quantité qui, avec le foisonnement, est suffisante pour fournir les $10^{m.cc},472$ des terres nécessaires à cet objet.

Volume d'une barbette.

161. Si la batterie est à barbette, son volume sera (art. 17) de 287 mètres cubes. Pour abaisser son terre-plein à $1^{m},82$ au-dessous de la crête du parapet, afin qu'on puisse y mettre en batterie des pièces montées sur affûts de place ou de siège, il faut enlever environ 180 mètres cubes de terre; si l'on veut employer les terres à former une bonnette au saillant de l'ouvrage, il n'y aura à enlever qu'environ 80 mètres cubes; enfin si le terre-plein de la barbette est à $1^{m},50$ au-dessous de la crête du parapet, pour recevoir des pièces montées sur affûts de place, il ne faudra l'abaisser que de $0^{m},32$

pour mettre les pièces à embrasure, et il n'y aura par conséquent à enlever qu'environ 55 mètres cubes de terre : travail qui peut être fait en un jour par cinq travailleurs.

Batteries d'obusiers.

162. Dans la défense des places, les plates-formes d'obusiers sont tenues horizontales. Si on les établit à $1^{m},82$ au-dessous de la crête du parapet, le revêtement du talus intérieur étant le prolongement du talus du parapet, il y a à faire, par mètre courant, un remblai d'environ $3^{m},08$ de largeur, de $0^{m},68$ de hauteur, et de $5^{m},00$ de longueur, ou de $10^{m.cc},472$. Or la banquette fournit $3^{m.cc},276$, et l'embrasure environ $2^{m.cc},00$. Il manque donc environ $5^{m.cc},00$ de terre, qu'on prendra le plus près possible de l'emplacement des obusiers, ou qu'on se procurera sur place en mettant la plate-forme à $1^{m},97$ au-dessous de la crête du parapet. Mais les obusiers étant généralement placés en capitale au saillant des ouvrages, on n'aura pas besoin dans ce cas d'avoir recours à cet expédient, parce que les terres fournies par la banquette et par l'embrasure

seront suffisantes pour faire le terre-plein de la plate-forme de l'obusier. Si la plate-forme devait être inclinée, on enfoncerait sa partie antérieure contre le revêtement intérieur, de la moitié du talus qu'elle devrait avoir, afin de se procurer les terres nécessaires pour élever sa partie postérieure.

Plates-formes des pièces montées sur affûts de côte.

163. La plate-forme pour affût de côte de Gribeauval se compose des objets indiqués dans la table n.° 5, et se construit comme l'indique la figure de la planche VI. La figure 6 représente le cas où le grand châssis a un lisoir.

Plates-formes pour mortiers à plaque.

164. Les plates-formes pour mortiers à plaque se construisent avec les matériaux indiqués à la table n.° 5, et comme l'indique la figure de la planche VI.

MAGASINS A POUDRE.

Emplacement des magasins à poudre, pl. 7, fig. 1, 2, 3, 4.

165. On a dit que l'emplacement le plus convenable pour les petits magasins à poudre des premières batteries de siège est dans l'épaulement de leurs communications avec la parallèle, ou en arrière de ces communications, suivant la configuration du terrain.

166. La construction des magasins varie suivant leur position et l'espèce de matériaux qu'on peut y employer ; les figures 1, 2, 3 et 4 présentent quatre exemples de constructions différentes très-simples, dans lesquelles on ne fait entrer que des matériaux qu'on trouve presque partout à la guerre. La capacité est la même, et peut contenir trois barils de 100 kilogrammes, ou deux barils de 100 kilogrammes et un de 50 kilogrammes: quantité suffisante pour fournir au moins soixante coups de 24, à la charge entière de guerre. Dans chaque cas particulier, on augmentera ou restreindra facilement leur longueur, suivant les besoins du service. Les

deux premiers de ces magasins sont supposés construits dans le parapet d'une des communications de la batterie, le troisième en arrière et le quatrième contre l'épaulement de la batterie : leurs dessins sont suffisamment détaillés pour en faire connaître toutes les parties.

Fig. 1. Le premier consiste dans un système de charpente composé de trois fermes surmontées d'un chapeau ; il est entouré de gabions de deux côtés et recouvert de saucissons chargés de terre. Ce blindage est extrêmement simple et s'assemble sans aucune cheville. Il est bien disposé contre les feux directs de la place, et sa partie inclinée se dérobe à l'action des feux courbes ; cette construction parait être plus avantageuse et exige moins de matériaux que les deux suivantes. Trois travailleurs peuvent faire excavation en six heures, et, tous les matériaux étant prêts, achever ensuite le magasin en trois heures, et par conséquent le faire en entier dans neuf heures de travail.

Fig. 2. Le second n'est formé qu'avec des gabions et des saucissons chargés de terre ; il est plus en prise que le premier aux feux directs et courbes de la place, mais sa construction exige un peu moins de temps que celle du premier.

La position de ces deux magasins permet de les surcharger facilement de terre, si on le juge nécessaire, en élargissant la communication à hauteur de leur emplacement; mais on devra avoir soin de répartir la terre de manière qu'on ne puisse de la place soupçonner l'existence du magasin.

Fig. 3. Le troisième magasin est formé de sept lambourdes pour plates-formes à mortier de douze pouces, ayant 2m,50 de longueur et 21 centimètres d'équarrissage; de six madriers de 1m,625 de longueur; d'un prélat; de 21 saucissons, dont sept de 2m,53 de longueur, quatorze de 2m,30, et de quarante gabions. Pour le construire, on place deux lambourdes sur le sol, de chaque côté de la longueur du magasin, à 1m,50 de distance. Contre leur extrémité opposée à la communication de la batterie, on place un saucisson de 2m,30 de longueur, enfoncé en terre de la moitié de la longueur de son diamètre, afin que celui qui sera placé ensuite par-dessus se trouve à hauteur de la surface supérieure des madriers dont il est fait mention ci-après. On met deux travailleurs entre ces lambourdes et le saucisson pour faire l'excavation du magasin, on l'entoure de quarante gabions disposés ainsi que le dessin l'indique, on fait creuser la communication du magasin par quatre travailleurs, et on fait jeter la terre, ainsi que celle du magasin, dans les gabions et dans leurs intervalles. Lorsque l'excavation du magasin est achevée, on place les cinq autres lambourdes sur les deux premières, et perpendiculairement à leur longueur, de manière qu'elles couvrent exactement le magasin, en laissant entre chacune d'elles un intervalle de 24 centimètres; on couvre chacun de ces quatre intervalles, et l'extrémité des deux premières lambourdes qui dépasse les cinq autres, par un madrier; on place un saucisson de 2m,30 de longueur sur le premier; on couvre les madriers par un prélat pour garantir le magasin de la pluie; on recouvre les madriers, perpendiculairement à leur longueur, de sept saucissons jointifs de 2m,53 de longueur; et ceux-ci, aussi perpendiculairement à leur longueur, de huit autres saucissons de 2m,

30 de longueur ; on place le dernier madrier sur les deux gabions qui sont de chaque côté de l'entrée du magasin ; on les couvre par quatre saucissons de 2m.,50 de longueur, disposés ainsi que le dessin l'indique, afin que l'entrée du magasin soit à l'abri de la pluie. La partie de la communication qui est devant le magasin doit être relevée et inclinée de manière à éloigner les eaux pluviales, et l'extrémité de cette communication doit être coupée en talus, comme l'indique le profil suivant r, s. Les terres provenant de l'excavation de cette communication doivent suffire pour remplir les gabions et leurs intervalles; au besoin, on y suppléerait par d'autres terres prises en arrière du magasin. On n'en recouvre pas les saucissons, parce qu'ils ont la propriété de faire ricocher au loin les bombes qui tombent dessus, ainsi qu'il sera dit ci-après. Huit travailleurs, dirigés par un sous-officier d'artillerie, peuvent faire ce magasin en 9 heures. Si les terres avaient peu de consistance, il faudrait soutenir par des claies celles des extrémités du magasin coupées verticalement. Ce magasin est celui dont la construction exige le plus

de matériaux et de travailleurs : souvent il peut être difficile de se procurer ces matériaux ; mais ce magasin est bien à l'épreuve de la bombe et des feux directs de la place, et on ne peut pas en dire autant des deux premiers. Cette construction convient donc plus particulièrement aux magasins qu'on peut être dans la nécessité de construire en terrain horizontal, en arrière des batteries, où ils sont plus exposés à la chute des bombes que ceux placés sur les côtés. Alors, on fait la communication du magasin aussi longue que l'exige sa distance à la batterie, et on dispose le magasin, par rapport à l'épaulement de la batterie, de la même manière que celui du dessin est disposé par rapport à la communication de la batterie.

Fig. 4. Enfin, le quatrième magasin est formé par douze lambourdes pour plates-formes à mortiers de douze pouces, d'un madrier de 3 mètres de longueur, d'un prélat, de douze saucissons, dont neuf de $2^{m},70$ de longueur et 32 centimètres de diamètre, et trois de 3 mètres de longueur et 27 centimètres de diamètre, et de quinze gabions. Pour construire ce magasin, on creuse, contre l'extrémité de l'épaulement la mieux abritée des feux de la place, un fossé d'un mètre de largeur au fond, de 2 mètres de longueur et de 50 centimètres de profondeur, avec une rampe du côté de la batterie, ainsi que le dessin l'indique. On soutient les terres de l'épaulement par deux rangs de gabions, celui de dessous de neuf et celui de dessus de six placés en retraite sur les premiers, de la moitié de leur diamètre. On place, les uns sur les autres, trois saucissons de trois mètres de longueur et de 27 centimètres de diamètre, sur la partie des six premiers gabions du premier rang qui déborde ceux du second rang, afin de former un appui vertical aux douze lambourdes dont il va être fait mention ci-après, et on piquette ces saucissons entre eux et avec les gabions. On place les douze lambourdes jointivement au-dessous du fossé, de manière qu'une de leurs extrémités s'appuie contre le troisième saucisson à $1^m,80$ au-dessous du sol, et que l'autre entre dans la terre à $1^m,20$ du revêtement en gabions, et s'appuie sur un madrier enfoncé en terre perpendiculairement à la longueur de ces lambourdes. On les couvre d'un prélat qui garantisse le magasin de la pluie; sur ce prélat on place neuf saucissons de $2^{m},70$ de longueur et de 27 centimètres de diamètre, les uns sur les autres, ainsi que le dessin l'indique. Quatre travailleurs, dirigés par un sous-officier, doivent faire ce travail en neuf heures.

On a fait, à l'école d'artillerie de Douai, en 1826, 1827 et 1828, des expériences sur la résistance des blindages, à la chute des bombes de 8, 10 et 12 pouces, tirées sur l'angle de 45° à 600 mètres de distance, ainsi qu'à leur explosion; elles ont fait connaître :

1.° Que les blindages horizontaux sont ceux qui résistent le mieux;

2.° Qu'un blindage horizontal, formé avec des poutres en chêne jointives, de 50 centimetres d'équarrissage et de $5^{m},50$ de portée, résiste à la chute des bombes de 8 pouces, est fortement endommagé par celles de 10 pouces, et ne résiste pas à celles de 12 pouces;

3.° Qu'un semblable blindage, dans

lequel les poutres sont espacées de 20 centimètres, ne résiste pas à la chute des bombes;

4.° Qu'un semblable blindage, dans lequel les poutres sont espacées de 20 centimètres et couvertes de 60 centimètres de terre, résiste bien à la chute des bombes; mais ces projectiles restent dans la terre, et leur explosion peut rompre les poutres situées au-dessous du point de chute;

5.° Qu'un semblable blindage, dans lequel les poutres sont espacées de 20 centimètres, résiste bien à la chute et à l'explosion des bombes, lorsqu'il est couvert, soit d'un seul lit de bons saucissons jointifs, de 32 centimètres de diamètre, placés transversalement, soit d'un seul lit de semblables poutres jointives placées transversalement, soit enfin d'un double lit de palissades jointives et recroisées.

Avec les deux premières dispositions, et principalement avec la deuxième, les bombes ricochent ordinairement sur le blindage et sont jetées au loin, surtout lorsque le blindage est horizontal; les saucissons ont l'avantage d'être à peine endommagés par la chute des bombes, et comme leur emploi est plus économique que celui des poutres et des palissades, il paraît devoir être préféré.

Dans les expériences de 1828, on a soumis à la chute et à l'explosion des bombes un petit magasin à poudre de batterie de siége, fait d'après le dessin annexé au cours d'attaque des places de l'école d'application; ce magasin était formé par des gabions disposés en carré de 3^{m},60 de côté, et couvert,

1.° Par huit gîtes en chêne de 5^{m},10 de longueur et 13 centimètres d'équarrissage, espacés de 41 centimètres, et qui portaient de chaque côté, dans une longueur de 75 centimètres, sur des saucissons placés sur les gabions: ils avaient par conséquent une portée de 3^{m},60, égale au côté intérieur du magasin; il y avait en outre, de chaque côté, deux gîtes pour soutenir les madriers, ce qui faisait en tout douze gîtes;

2.° Par un lit de dosses ou madriers jointifs, aussi en chêne, placés perpendiculairement aux gîtes;

3.° Par un lit de seize saucissons, placés perpendiculairement aux madriers;

4.° Enfin, par une couche de terre de 1ᵐ d'épaisseur.

Cette charge de terre fit fléchir les gîtes, au point que la flèche de leur courbure était de 15 centimètres, et que l'un des gîtes s'était brisé dans le milieu de sa longueur. La surface de ce magasin reçut dix bombes, dont quatre de huit pouces, cinq de dix pouces et une de douze pouces: celle-ci tomba vers le milieu du magasin, au-dessus du gîte déjà brisé par le poids des terres, mais elle n'agrava pas cet accident; trois madriers situés vers le point de chute furent déchirés. Une bombe de dix pouces tomba aussi vers le milieu du magasin, s'arrêta sur les saucissons et brisa le gîte qui se trouvait au-dessous; un autre gîte se brisa aussi vers le milieu de sa longueur, peu de temps après la chute de cette bombe; les huit autres bombes ne produisirent aucun effet: ainsi il y avait trois gîtes de rompus, vers le milieu de leur longueur, après la chute des bombes. On plaça ensuite dans le trou fait par la bombe de douze pouces une de huit pouces, chargée de quatre livres deux onces de poudre, pour connaître l'effet de son explosion. Elle fit rompre les cinq autres gîtes du ciel du magasin, et fit abaisser leurs extrémités à 1 mètre du sol; mais ils soutenaient encore les saucissons et les terres, de manière qu'on pouvait circuler sur les côtés du magasin; cinq fragmens de dosse étaient tombés dans

le magasin. On avait répandu deux livres de poudre sur une planche suspendue au milieu du magasin, à 25 centimètres des gîtes; l'explosion de la bombe dispersa la poudre dans le fond du magasin, sans l'enflammer.

Les quatre magasins dont on vient de donner la description exigent pour leur construction :

	POUTRELLES en chêne de 21 centimètres d'équarrissage.	MADRIERS de 54 millimètres d'épaisseur et de 36 centimètres de largeur.	Gabions de 68 centimètres de diamètre et de 1m de haut.	SAUCISSONS DE 32 CENTIMÈTRES de diamètre.
	Mètres courans.	Mètres courans.		Mètres courans.
N.° 1	$13^{m},70$ { 4 de 2,00 3 de 1,90	»	7 (*a*)	$31^{m},00$ { 11 de $2^{m},50$. 3 de $3^{m},50$ en tout.
— 2	»	»	8 (*b*)	$72^{m},00$ { 10 de $4^{m},50$. 10 de $2^{m},70$.
— 3	$16^{m},10$ { 7 de $2^{m}30$	$9^{m},75$-6 (*c*) de 1,625	40	$49^{m},91$ { 7 de $2^{m},53$. 14 de $2^{m},30$.
— 4	»	$3^{m},00$-1 (*c*) de 3,000	15	$33^{m},30$ { 9 de $2^{m}.70$ } et de $0^{m},56$ de diamètre. 3 de $3^{m},00$ } et de $0^{m},27$ de diamètre.

(*a*) En outre des 9 qui seraient employés à la communication, si le magasin n'existait pas.
(*b*) En outre des 3 idem.
(*c*) Plus un prélat pour couvrir ces madriers et garantir le magasin de la pluie

167. Des expériences ont été faites en 1829, dans les écoles, sur ces quatre espèces de magasins, afin d'obtenir des données positives sur leur résistance, ainsi que sur le mode de construction à préférer.

Ces magasins, construits d'une manière uniforme dans tous les polygones, ont été placés autour de la perche servant de but à la batterie de mortiers, où ils ont été exposés, pendant les exercices du tir, à la chute des bombes. Des épreuves relatives à l'effet produit par l'explosion des projectiles, ont aussi été faites dans une école; ces expériences ont fourni les résultats suivans :

Construction des magasins.

Sous le rapport du temps et du nombre de travailleurs nécessaires (en supposant les bois préparés à l'avance, et le travail des parties de communication ou de batteries attenantes non compris), on peut ranger ces magasins dans l'ordre ci-après : en première ligne, le n.° 4, et ensuite les n.os 1, 2 et 3.

Sous le rapport de la quantité des matériaux et de la facilité à se les procurer ou à les préparer, le magasin n.° 2 a l'avantage, ensuite les n.ºs 4, 3 et 1; quant à leurs capacités et à la facilité qu'ils offrent à l'artificier pour son travail, l'avantage paraît être au n.° 4, ensuite au n.° 2, et sur la même ligne les magasins n.ºs 1 et 3, dont le premier a semblé trop étroit et le second trop bas.

RÉSISTANCE DES MAGASINS A POUDRE AU CHOC DES PROJECTILES.

Magasin n. 1.

Le choc des projectiles sur ce magasin dérange le système de charpente, soit que le choc ait lieu dans les points correspondant au blindage, ou dans ceux environnans sur les revêtemens; son blindage résiste aux bombes de huit et dix pouces, tirées à la distance de 600 mètres, ainsi qu'à celles de douze pouces tirées à 473 mètres; et lorsque le choc a lieu dans des points correspondant aux demi-fermes, les projectiles paraissent devoir être projetés au-delà du blindage, tandis que s'il a lieu dans l'intervalle des fermes, les projectiles restent logés dans les terres.

Magasins n. 2 et 3.

Les blindages de ces magasins ne résistent pas au choc des bombes tirées à une distance de 600 mètres: le premier a résisté aux bombes tirées à 473 mètres, et le second à celles qui sont tirées à la distance de 500 mètres ; mais les projectiles restent ordinairement logés plus ou moins profondément dans les terres, ou entre les saucissons qui recouvrent ces magasins, et les madriers ne portant pas assez sur les lambourdes, sont déplacés à chaque coup.

Magasin n. 4.

Le choc des projectiles sur le blindage n.° 4 dérange les lambourdes ; mais, étant mieux assujetties, ces lambourdes résistent aux bombes de 10 pouces ; celles de 12 pouces les endommagent sans les enfoncer. Des bombes ont pénétré dans les magasins 1 et 3 par les côtés, en traversant leur revêtement.

Résistance à l'explosion des projectiles.

Cette expérience a été bornée aux magasins n.os 1 et 4, qui avaient résisté à la chute des bombes. L'explosion des bombes de 8 et de 10 pouces, que l'on fait éclater sur les points des revêtemens où elles étaient tombées, renverse ou bouleverse ces magasins.

Il résulte de ces données que pour que ces divers magasins soient à l'épreuve des bombes tirées à une distance de 600 mètres, il est nécessaire de renforcer et de consolider leur blindage, et de leur donner en outre, quand cela est possible, une disposition et une étendue telle que les projectiles ne puissent pénétrer par les côtés, et que ceux qui tomberaient autour et près de ces blindages se trouvent assez éloignés du parement intérieur pour que leur explosion ne soit pas nuisible au magasin.

Dans son état actuel, le magasin n.° 4 paraît être à l'abri des effets de l'explosion, parce que les projectiles sont presque toujours rejetés au dehors.

Le magasin n.° 1 présente le même avantage pour les parties correspondant aux demi-fermes, de sorte que si l'on voulait multiplier ces demi-fermes, ou mieux encore les construire d'une manière analogue au n.° 4, on étendrait cet avantage à toutes les parties du blindage.

Quant aux magasins n.os 2 et 3, dont le ciel est horizontal, les épreuves de 1829 ne fournissent aucune donnée sur les effets de l'explosion des bombes qui restent sur leur blindage. Les seuls documens à cet égard proviennent des épreuves déjà citées, qui ont été faites à Douai, en 1828, sur la résistance des blindages, et d'après lesquelles il y a lieu de croire que pour faire résister le blindage n.° 3, il faudrait diminuer l'écartement des lambourdes, placer des madriers jointifs se croisant sur celles-ci, et les recouvrir de trois lits de saucissons, ou bien mettre les lambourdes jointives et ne les charger que de deux lits de saucissons.

A l'égard du magasin n.° 2, il est douteux qu'on puisse le mettre à même de résister à l'explosion, en le recouvrant uniquement avec des fascinages; il ne devrait donc être employé que dans le cas où l'on se trouverait dépourvu de bois de charpente; alors il faudrait réduire autant que possible la portée des saucissons, et remplacer la couche de terre par un lit de saucissons qui rejetteraient les projectiles en dehors du blindage.

Il est à remarquer qu'en inclinant le blindage des magasins n.° 2 et n.° 3, on peut augmenter leur résistance, tout en diminuant la quantité des matériaux; mais alors on retombe (particulièrement pour le n.° 3) dans le genre de construction des n.° 1 et n.° 4, construction qui nécessite des bois d'une plus grande longueur, et qui présente plus de difficultés pour élever le parement vertical, pour défiler l'entrée, et surtout pour étendre assez le blindage pour que les projectiles ne puissent pénétrer par les côtés verticaux : ces côtés sont ceux qui doivent se présenter à la pluie, pour que le blindage offre la plus grande résistance possible.

Enfin, la construction de ces magasins dans les écoles, avec les talus indiqués, a fait sentir l'utilité de les revêtir en clayonnages, particulièrement pour les n.os 2 et 3. Il est probable, en effet, que si ces magasins avaient eu à soutenir les commotions produites par le tir de leurs batteries, la plupart des talus se seraient éboulés ; il paraît donc convenable d'adopter cette espèce de revêtement, en y employant des claies faites à l'avance.

On voit par cet exposé que les expériences qui ont eu lieu en 1829 ne sont pas assez concluantes pour en déduire des règles certaines pour construire de petits magasins à poudre qui aient une résistance suffisante; il est donc nécessaire que ces épreuves soient continuées dans les écoles, pour obtenir les données qui manquent encore à la résolution complète de cette question.

Détails sur la construction des petits magasins à poudre dans les principaux ouvrages du front attaqué.

168. Les petits magasins que l'on place dans les ouvrages de fortification, pour contenir la poudre et les artifices nécessaires aux besoins des 24 heures, sont construits en forme de galeries de mine, lorsque le massif du rempart est en terre. Lorsque la contrescarpe est revêtue, ce moyen serait trop difficile à pratiquer; alors si les fossés sont secs, on forme les petits magasins en blindages, au pied de l'arrondissement de la contrescarpe des ouvrages qui se trouvent en arrière. On ne les mettra dans les traverses que lorsqu'on ne pourra faire autrement, et on prendra alors toutes les précautions nécessaires pour prévenir les accidens.

En donnant aux magasins en charpente $1^{m},50$ de largeur et $1^{m},82$ de hauteur, dans œuvre, on peut y placer par $1^{m},50$ de longueur 8 barils de 100 kilogrammes, sur deux rangs et sur deux de hauteur, quantité de poudre qui peut fournir à l'approvisionnement de douze à treize bouches à feu pendant vingt-quatre heures, à raison de vingt à trente coups pour chacune d'elles; et en donnant au magasin quatre mètres de longueur, il y aura en outre un espace suffisant pour faire les charges et y déposer au besoin des cartouches d'infanterie ou des artifices. Ainsi, en plaçant un magasin en capitale au saillant d'un bastion et un à l'extrémité des courtines adjacentes, ils peuvent fournir au service des bouches à feu du bastion et de la moitié de ces courtines. Lorsque la largeur du rempart le permet, on fait ces magasins en forme de galeries de mine, et lorsqu'il peut y avoir utilité de l'y enfoncer le moins possible, on les fait en forme de T, ainsi que l'indiquent les figures 5 de la planche VII. Autant que possible, on les abaisse au-dessous du terre-plein du rempart, de manière qu'ils soient recouverts de 2^m de terre, afin qu'ils soient à l'épreuve de la bombe. Pour les construire, on commence par déblayer le talus du rempart, et l'on forme, à 2^m au-dessous de son terre-plein, un plan vertical parallèle à la direction du rempart, de $1^m,90$ de largeur et de $2^m,08$ de hauteur. On entre ensuite carrément en galerie, et quand on a déblayé les terres dans une épaisseur de 33 centimètres, on établit un premier châssis qui se compose d'une semelle, de deux montans et d'un chapeau. La semelle a 8 centimètres de hauteur, 14 de largeur et $1^m,78$ de longueur; ses extrémités sont entaillées à mi-bois, pour recevoir celles des montans, qui sont entaillées de la même manière; les montans ont 14 centimètres d'équarrissage et $1^m,78$ de longueur. On place d'abord la semelle bien horizontalement et parallèlement à l'entrée, ensuite les deux montans bien verticalement, et on les recouvre du chapeau qu'on assujettit au moyen de coins en bois, enfoncés entre le chapeau et le ciel de la galerie. On continue à creuser la galerie jusqu'à $1^m,20$ du premier châssis, distance à laquelle les terres ordinaires se soutiennent naturellement, et on place un second châssis de la même manière et à 1^{m} de distance du premier; après quoi on glisse sur les chapeaux des deux châssis des madriers de $0^{m},040$ d'épaisseur, pour soutenir les terres du ciel de la galerie, et on ôte les coins lorsqu'il y a nécessité. On glisse des planches de coffrage de $0^{m},027$ d'épaisseur entre les montans et les terres des côtés de la galerie, et on continue de la même manière le coffrage du magasin; on chasse des coins de bois entre ces planches et le dernier châssis sur lequel elles s'étendent, pour ménager un passage aux madriers et planches de coffrage suivans. On revêt de même le fond du magasin et on établit un plancher sur les semelles; on ferme l'entrée par une porte en madriers de $0^{m},040$ d'épaisseur, et on la dispose de manière que les eaux pluviales ne puissent entrer.

Dans les terres légères, on met un faux châssis à $0^{m},050$ du premier, et on l'ôte lorsque le second est placé.

169. Si l'on construit un de ces magasins sur le terre-plein même d'un ouvrage, on l'y enfonce autant que possible, et on l'entoure d'un épaulement en terre de 4^m d'épaisseur à sa base, et de 2^m de hauteur au-dessus du magasin.

Magasin au pied des contrescarpes.

170. Les magasins qu'on établit au pied des contrescarpes sont formés au moyen de six poutrelles de 4^m de longueur et de 0^m, 21 au moins d'équarrissage, qu'on dresse jointivement contre la contrescarpe; on les couvre d'un prélat, et ensuite d'une couche de sacs à terre. Ce blindage est à l'épreuve de la bombe; il peut contenir 2 barils de 100 kilogrammes. On bouche ses extrémités au moyen de gabions remplis de terre, et on laisse à l'une d'elles un passage suffisant pour un homme. On peut augmenter la capacité de ces magasins en augmentant le nombre des poutrelles proportionnellement aux besoins du service. Ces magasins sont faciles à construire, et peuvent être placés partout où l'on trouve un appui vertical de 3^m,60 de hauteur. On

pourrait au besoin employer des poutrelles de 2^{m},70 de longueur, et appuyer leur extrémité inférieure à 1^{m},20 du pied de la contrescarpe, mais on ne pourrait placer qu'un baril de poudre dans le sens de la largeur du magasin, et il faudrait un nombre double de poutrelles pour abriter une même quantité de poudre. Dans ce cas, il suffirait d'un appui vertical de 2^{m},40 de hauteur; et on voit qu'au besoin on pourrait adosser ces magasins au parapet des fortifications permanentes, ou à ceux des batteries de siége, en enfonçant le sol du magasin de 0^{m},40 à 0^{m},50 au-dessous du terre-plein de la batterie. On pourra donc faire usage de poutrelles de l'une ou l'autre de ces longueurs, suivant les circonstances.

CONSTRUCTION DES BATTERIES DANS LES SIÈGES.

Travail de l'artillerie dans la construction des batteries.

171. Dans les sièges, l'artillerie demande des travailleurs à l'infanterie pour exécuter les mouvemens de terre destinés à former l'épaulement, le terre-plein et les communications de la batterie avec la parallèle des autres travaux d'attaque. Les travailleurs prennent le nom de travailleurs d'infanterie. Les canonniers sont chargés de la construction du revêtement intérieur, des joues des embrasures, des plates-formes et des magasins à poudre.

Nombre de canonniers et d'auxiliaires nécessaire pour la construction d'une batterie de plein fouet ou à ricochet, suivant le nombre de pièces dont elle doit être armée.

172. Nous avons déjà fait connaître, art. 45, quels sont les élémens qui font varier le nombre de canonniers et d'auxiliaires nécessaire à la construction d'une batterie. Pour une batterie de plein fouet ou à ri-

cochet, dans un terrain ordinaire et horizontal, avec terre-plein au niveau du sol, revêtement intérieur en saucissons, et l'épaulement avec des terres prises dans un fossé pris en avant de la batterie, on emploie ordinairement huit canonniers par canon, dont cinq travaillent au revêtement intérieur et aux plates-formes, et trois à l'embrasure; on en emploie trois de plus pour revêtir soit les côtés de la batterie, soit les retours formant traverses qui peuvent se trouver à leurs extrémités. Ainsi, pour un nombre N de canons, le nombre de canonniers nécessaire est généralement 8 N + 3. On emploie de plus douze travailleurs d'infanterie. Le nombre de travailleurs d'infanterie pour un nombre N de canons est donc généralement 12 N.

Temps nécessaire à la construction de la batterie.

173. Nous avons vu également, art. 47, qu'avec ce nombre de travailleurs la construction d'une batterie de l'espèce en question, dans un terrain ordinaire, demande trente-six heures.

Quantité d'outils et d'autres objets nécessaires.

174. *Pelles, pioches et pics-hoyaux.* On

compte ordinairement autant de ces outils qu'il y a de canonniers et de travailleurs d'infanterie ; mais c'est le plus petit nombre qu'on puisse prendre : on fera bien de le porter au double, si l'on peut, afin de ne pas en manquer, dans le cas où quelques-uns viendraient à casser. La proportion à mettre entre eux sera d'ailleurs réglée d'après la qualité des terres ; mais on ne doit pas s'en rapporter entièrement à celle de la surface, parce qu'elle change souvent de nature à différentes profondeurs ; c'est pourquoi il est bon que chaque travailleur soit toujours muni d'une pelle et d'une pioche. Quant aux autres outils et objets nécessaires, on consultera la table. On n'a pas compris les lanternes sourdes, ainsi qu'on a été dans l'usage de le faire jusqu'à présent, parce que, quelque précaution qu'on prenne, elles sont toujours aperçues, pendant le tracé des batteries, par l'ennemi qui est sur ses gardes, et qui étant prévenu par là du travail qu'on va faire, ne manque pas de le contrarier par son feu ; tandis qu'en faisant le tracé avec un cordeau et une équerre en ruban de fil blanc de 22 millimètres de largeur au moins, on évite toute espèce d'inconvénient. Le cordeau à tracer est fait en ruban de fil blanc, de 22 millimètres de largeur, et aura 12 mètres de longueur; il est divisé de mètre en mètre au moyen de raies noires.

L'équerre est faite avec du ruban de la même largeur; elle a les dimensions indiquées au dessin planche IX, figure 1; ses diverses parties sont réunies avec des anneaux en cuivre de 34 millimètres de diamètre. On met des anneaux semblables tant à ses extrémités qu'à celles du cordeau, afin qu'on puisse les fixer en terre au moyen de petits piquets. On fera usage de cette équerre et de ce cordeau dans les écoles. A défaut de cordeau ou d'équerre en ruban de fil blanc, on y suppléera par un cordeau et une équerre en corde qu'on blanchira avec de la craie; on divisera le cordeau en mètres par des nœuds ou des morceaux de ficelle fixés à chaque division.

175. Si la batterie est hors de la parallèle, et s'il est nécessaire d'établir des communications entre elles, il faudra, outre les outils et les matériaux indiqués dans la table, des outils à pionniers en nombre double de

celui des travailleurs. Il faudra aussi des gabions, et un nombre de mètres courans de saucissons égal au nombre de mètres que lès communications auront en longueur; enfin, des piquets à proportion pour piqueter les saucissons. Si au lieu de saucissons on emploie des fascines de 2[m] pour couronner les gabions, il en faudra un nombre triple de celui que ces communications auront en longueur, et des piquets à proportion.

Reconnaissance de l'emplacement de la batterie.

176. L'officier chargé de la construction de la batterie détermine d'abord la direction générale des feux par le prolongement de l'ouvrage à battre, ou par la position de l'objet contre lequel la batterie doit être dirigée. Dans le premier cas, on prend le prolongement de la crête intérieure du parapet, ou, à son défaut, celui de la crête extérieure. Il convient, pour faire cette opération avec exactitude, de choisir l'heure du matin ou du soir à laquelle la face dont il s'agit est bien éclairée par le soleil, tandis que la face adjacente est dans l'ombre.

Cela fait, on indique ce prolongement

au moyen de deux piquets qu'on enfonce bien, et dont on coiffe la tête d'un morceau de papier blanc, afin de pouvoir les distinguer et les reconnaître facilement, soit de jour, soit de nuit : cette précaution est indispensable. L'officier chargé de la construction de la batterie fait ensuite sur place un croquis dont il cote les dimensions, en évaluant largement la base du talus extérieur d'après la qualité des terres. Il examine s'il est nécessaire de faire des traverses ou des épaulemens en retour aux extrémités de la batterie, pour la garantir des feux des ouvrages de la place qui pourraient la prendre en rouage, et il reconnaît leur direction de manière qu'on se trouve défilé. Si elle doit être hors de la parallèle, il reconnaît la direction des communications à établir de manière que ces communications ne soient pas enfilées des ouvrages de la place, et il doit prendre d'ailleurs toutes les indications qui peuvent faciliter le tracé de la batterie, si ce travail doit se faire pendant la nuit; enfin il reconnaît l'emplacement le plus convenable pour le petit magasin ou pour plusieurs au besoin.

177. L'officier dresse aussi sur place l'état des travailleurs, des outils et des matériaux nécessaires pour construire la batterie, son magasin à poudre, et, s'il y a lieu, sa communication avec la parallèle, en déterminant la quantité et l'espèce d'outils et de matériaux d'après la qualité des terres. Les communications doivent être faites à la sape volante, et commencent aussitôt que leur tracé est achevé; mais comme les travailleurs qui doivent les exécuter ne pourraient pas transporter en un seul voyage le nombre de gabions nécessaire, il comprendra dans son état de demandes un supplément de travailleurs d'infanterie, dont il fixera le nombre de manière que chaque travailleur ait un gabion à transporter; cet état étant fait, il l'enverra sans délai à qui de droit, afin qu'à l'heure fixée il trouve tout réuni au dépôt de tranchée ou autre lieu de rassemblement désigné.

178. Si la batterie que l'on a à tracer doit battre à ricochet une des deux faces d'un ouvrage et l'autre de plein fouet, comme cela a lieu le plus souvent dans l'attaque des places, on est conduit à examiner s'il vaut mieux placer la batterie per-

pendiculairement à la face à ricocher, ou parallèlement à celle qui doit être battue de plein fouet. Mais il convient de placer la batterie perpendiculairement au prolongement de la face à ricocher, parce que cet objet étant bien rempli, l'autre le sera encore beaucoup mieux que ne le serait le ricochet, si la batterie était placée parallèlement à la face à battre de plein fouet.

Tracé de la batterie.

179. Si la batterie doit être placée dans la parallèle, son tracé et sa construction pourront commencer aussitôt qu'on aura réuni les travailleurs, les outils et les matériaux nécessaires; mais si elle doit être construite hors de la parallèle, ce qui a lieu le plus souvent, son tracé et sa construction ne peuvent généralement commencer que de nuit. Alors l'officier qui en est chargé va à l'heure fixée prendre les travailleurs au lieu de rassemblement indiqué; il leur fait distribuer les outils et les matériaux qu'ils peuvent transporter. Il conduit ensuite le détachement dans la partie de la parallèle ou de la tranchée le plus à portée de

l'emplacement que la batterie doit occuper; il l'y fait ranger en ordre et en silence, et aussitôt que la nuit est assez obscure pour qu'il puisse tracer la batterie sans être aperçu par les postes de la place sur l'emplacement reconnu de jour, il s'avance avec un officier, deux sous-officiers et quelques canonniers munis de deux pioches, de deux masses, de plusieurs paquets de petits piquets, d'un cordeau, d'une équerre à tracer et de paquets de mèches. Le reste du détachement attend dans la parallèle l'ordre d'avancer.

180. On a fait connaître le tracé d'une batterie de plein fouet ou à ricochet, établie en terrain horizontal, à environ 20 mètres en avant d'une parallèle, le terre-plein au niveau du sol. Le tracé dans un siège ne diffère en rien de celui-là.

181. L'officier trace d'abord le pied du talus intérieur. Il marque ensuite, comme on l'a dit, le point où doit commencer l'épaulement de la batterie et les points où les directrices coupent le pied du talus intérieur; il prend sur deux perpendiculaires à cette droite, en allant vers la

place, l'épaisseur de l'épaulement à sa base, la largeur de la berme et celle du fossé. Pour que ces divisions soient reconnues facilement pendant la nuit, on les indique d'avance et de jour sur le cordeau à tracer, d'une manière très-distincte au moyen de petites ficelles garnies de nœuds, en sorte que celle qui indique la première ligne à tracer ait un nœud, la deuxième deux, et ainsi de suite. On forme ensuite l'encadrement de l'épaulement et celui du fossé en les marquant par des sillons creusés avec la pioche, suivant la direction d'une mèche tendue par des piquets placés à chaque angle.

Tracé des retours ou traverses et des communications.

182. L'officier trace de suite, s'il y a lieu, à l'extrémité de la batterie la plus rapprochée de la place, un retour destiné à préserver la batterie des coups en rouage, et dont la direction doit être telle que l'extrémité la plus éloignée de la batterie soit défilée. Il fait ensuite à chaque extrémité le tracé des deux communications de la batterie

avec la parallèle devant laquelle elle se trouve, d'après les indications qu'il a prises de jour, en ayant soin de les bien défiler des ouvrages de la place. Le tracé fini, le commandant fait avancer la partie du détachement qu'il a laissée en arrière, et il la répartit de la manière suivante.

Disposition des canonniers et des travailleurs pour l'exécution, pl. 9.

183. La disposition des canonniers et des travailleurs pour la construction d'une batterie d'un nombre quelconque de pièces se fait semblablement à celle qu'on va indiquer pour une seule.

Trois des huit canonniers sont employés d'abord à aplanir et à raffermir avec la dame le terre-plein de batterie, surtout aux endroits que les plates-formes doivent occuper, dans une largeur de 3m,30 sur une longueur de 5 mètres, tout en conservant, s'il y a lieu, le talus qu'elles doivent avoir; ils jettent dans le coffre les terres excédantes, ainsi que celles qu'ils peuvent recueillir à proximité de la batterie. Si le terrain, quoique uni, a une grande pente générale dans le sens de la longueur de l'épaulement, ils le coupent par ressauts ; mais si cette pente est petite, il vaut mieux niveler le terrain dans toute sa longueur.

Les cinq autres canonniers, et ceux qui sont destinés à faire le revêtement des côtés ou des retours formant traverses, commencent en même temps le revêtement intérieur et l'exécutent ainsi qu'il est dit à l'art. 101. Un sous-officier est particulièrement chargé de surveiller ce travail pour trois pièces au plus.

Fig. 2. Des douze travailleurs de la ligne, six creusent le fossé et sont placés d'abord à 1 mètre de distance. Ils s'enfoncent le plus promptement possible pour se mettre à couvert des feux de la place. Trois travailleurs sont placés sur la berme, à 2^m de distance, et jettent la terre de la berme dans le coffre; enfin trois sont placés dans le coffre, aussi à 2^m de distance. Ils égalisent et dament la terre de manière à l'amonceler vers le côté intérieur, afin que les canonniers puissent en faire le revêtement le plus tôt possible. Les six travailleurs placés sur la berme et dans le coffre ne peuvent commencer leur travail que deux heures, au moins, après le commencement de l'excavation du fossé, et pendant ce temps ils peuvent être employés au transport des matériaux. La tâche de chacun des travailleurs du fossé est d'excaver un prisme de 1m de largeur, d'une longueur égale à la largeur du fossé et d'une épaisseur égale à sa profondeur. Pour qu'ils puissent détacher et jeter les terres le plus facilement possible, trois commenceront à creuser leur prisme vers la berme, et les trois autres vers le milieu. On doit surveiller les travailleurs de manière qu'ils se rapprochent le plus possible de cet ordre.

Ordre de service relatif à la manière de relever les travailleurs et de les faire changer de postes entre eux pendant le travail.

184. Les travailleurs du fossé étant ceux qui fatiguent le plus, seront relevés de deux en deux heures par ceux de la berme et du coffre. Les travailleurs de la ligne demeurent au travail pendant douze heures consécutives, et les canonniers pendant vingt-quatre. On ne doit laisser partir ni les uns ni les autres qu'après l'arrivée de leurs

remplaçans, afin de ne pas ralentir le travail. Dans les écoles, on relève les travailleurs de six en six heures.

185. S'il est nécessaire de couvrir les travailleurs contre la mousqueterie, on fait une sape volante parallèle à la berme, à une distance de 2 à 3 mètres. Lorsqu'ils sont assez enfoncés, ils renversent les gabions et continuent le travail en élargissant le fossé. On couvre aussi, si besoin est, les travailleurs de l'épaulement avec des gabions farcis, laissant de distance en distance des intervalles par lesquels les travailleurs du fossé puissent jeter les terres. On établit ainsi successivement des rangées de gabions au-dessus les unes des autres, à mesure que les terres s'amoncellent; mais alors la construction de la batterie devient longue, et, si elle est assez près de la place pour qu'on soit exposé à un feu vif de mousqueterie, il vaut mieux faire la batterie dans la tranchée même. En cas d'impossibilité, on la construit en formant une sape à l'emplacement du revêtement intérieur, et en augmentant successivement l'épaisseur de l'épaulement.

Masques de différentes espèces.

186. Lorsqu'on ne peut faire une sape volante, on emploie les moyens que l'on a sous la main, et les plus prompts sont les meilleurs. On peut faire usage d'un masque composé de chandeliers et de fascines. Un chandelier est formé de deux montans en bois de 2^{m}, 30 de hauteur, entre lesquels on met une soixantaine de fascines de 3^{m} de longueur et de 0^{m},16 de diamètre. On place plusieurs masques de cette espèce, à la suite les uns des autres, autour de l'emplacement que la batterie doit occuper.

Devoirs des officiers

187. Un officier surveille l'ensemble de la construction de la batterie, sous les ordres du capitaine-commandant qui la dirige. L'un et l'autre doivent se porter partout au besoin, pour accélérer le travail et s'assurer qu'il s'exécute bien.

Disposition des troupes chargées de protéger les travailleurs.

188. La batterie étant généralement construite à peu de distance de la parallèle, les

travailleurs sont protégés par les troupes de garde placées dans la parallèle, et par les postes qu'elles tiennent au dehors vers la place; mais si l'on doit en construire sur les flancs des parallèles dans des positions isolées, alors il est nécessaire de demander de l'infanterie armée pour couvrir les travailleurs et les protéger au besoin.

Ralliement des travailleurs en cas de sortie.

189. On prescrira aux travailleurs, dans le cas d'une sortie, de se retirer dans la tranchée, en arrière de la batterie, où ils emporteront leurs outils, et où ils attendront qu'ils puissent reprendre et continuer leur travail.

Exécution des communications et des retours ou traverses.

190. Pour la construction des communications, les travailleurs, munis de leurs outils et chacun d'un gabion, sont formés sur un rang, ayant un sous-officier ou un caporal à chaque extrémité, ils portent le gabion sur l'épaule droite ou sur la gauche, suivant qu'en marchant par le flanc, dans la direction des communications, la place se

trouve à leur droite ou à leur gauche. L'officier met le détachement en marche, et, en arrivant au débouché de la communication avec la parallèle, il le dirige sur l'emplacement de la communication, et le fait former sur la droite et sur la gauche par file en bataille, suivant que les travailleurs portent le gabion sur l'épaule droite ou sur la gauche. Au fur et à mesure que chacun d'eux arrive sur l'alignement du côté intérieur de la communication, l'officier prend son gabion et le pose sur l'emplacement qu'il doit occuper, à $0^m,55$ en avant de l'alignement, dont $0^m,30$ pour la berme, et $0^m,25$ pour le talus intérieur; les travailleurs restent derrière leurs gabions jusqu'à ce que la pose soit achevée. Alors l'officier fait sortir du rang les travailleurs de supplément ; il espace les autres de mètre en mètre, et il fait commencer le travail immédiatement, en faisant expliquer aux travailleurs qu'ils doivent commencer à creuser la communication verticalement sur le tracé, et ensuite en s'en éloignant de manière à se mettre à couvert le plus promptement possible. Chacun d'eux aura ainsi à excaver un prisme de $1^m,00$ de largeur, d'une longueur de $2^m,75$ égale à la largeur moyenne de la communication, et de $1^m,00$ de profondeur. Ils jettent d'abord les terres dans le gabion pour le remplir, et ensuite en arrière, vers la place, pour former l'épaulement. Le sous-officier chargé de la surveillance de ce travail aura une baguette de 1^m de longueur, et vérifiera souvent la profondeur de la communication, lorsqu'elle approchera de sa fin, pour qu'elle soit aussi égale que possible dans toute son étendue. La communication étant ainsi creusée dans toute sa profondeur, les travailleurs forment les talus qui doivent la terminer de chaque côté. Les extrémités de la communication doivent être raccordées par un talus avec le terre-plein de la batterie, et, s'il y a lieu, avec le fond de la tranchée. Lorsque les terres de l'épaulement seront arrivées à hauteur des gabions, on les couronnera avec 3 fascines ou un saucisson, ainsi que l'indique le dessin (fig. 3). Si l'on veut placer un magasin à poudre dans l'épaulement de la communication, son tracé et sa construction auront lieu en même temps que ceux de la communication.

Travail de la première nuit.

191. Les communications et les magasins à poudre qui se trouveront dans leur épaulement peuvent être généralement faits dans huit ou neuf heures, et doivent être achevés avant la fin de la première nuit. Les travailleurs de la ligne employés à la batterie doivent fournir les terres nécessaires pour élever l'épaulement le plus possible au-dessus de la genouillère, au moins vers le revêtement intérieur, afin que les canonniers puissent y travailler à couvert pendant le jour ; les travailleurs du fossé doivent s'enfoncer assez pour se trouver à couvert des feux de la place.

Les canonniers doivent aplanir et raffermir le terre-plein de la batterie, ramasser les terres disponibles qui se trouvent à proximité pour les jeter dans le coffre, poser le premier saucisson dans la rigole, et, s'il y a possibilité, continuer le revêtement intérieur jusqu'à hauteur de la genouillère ; mais parfois ce dernier travail ne peut être fait que pendant le jour.

Travail pendant le jour.

192. Une heure au moins avant que les

travailleurs de la ligne soient relevés, un officier part de la batterie pour aller au dépôt recevoir ceux qui devront leur succéder et les amener à la batterie; il leur fait prendre les saucissons et autres matériaux nécessaires. Le travail de jour nécessite une répartition nouvelle des travailleurs et des canonniers; six travailleurs de la ligne continuent à excaver le fossé et à amonceler les terres tant sur l'épaulement que sur la berme. Les travailleurs de la berme et de l'épaulement ne pouvant continuer leur travail à découvert pendant le jour, seront employés soit à faire les mouvemens de terre pour la construction des magasins à poudre, qui ne doivent pas se trouver dans l'épaulement des communications, ainsi que les communications nécessaires pour y arriver; soit à transporter à la batterie, concurremment avec les canonniers qui sont disponibles, les bois à plate-forme et autres matériaux nécessaires.

Les canonniers destinés à faire le revêtement intérieur l'exécutent comme il a été dit art. 101.

193. En plaçant le premier saucisson,

on a soin de le piqueter avec le moins de bruit possible pour n'être pas entendu de la place. Souvent même on se dispense de le piqueter, et on le pose simplement dans la rigole. Le revêtement n'est continué que jusqu'au jour; les canonniers seront employés dans cet intervalle à transporter à la batterie les matériaux nécessaires à sa construction. L'emploi des gabions pour former le revêtement intérieur et celui des côtés n'a pas cet inconvénient, et c'est encore un motif pour leur donner la préférence, lorsqu'il n'y a pas nécessité de faire ces revêtemens en saucissons.

Travail de la seconde nuit.

194. Les travailleurs de la deuxième nuit doivent apporter huit gabions ordinaires farcis de fascines, et les autres matériaux que nécessitera l'achèvement de la batterie; ils sont placés comme dans la première nuit, et doivent fournir les terres nécessaires pour achever l'épaulement.

Les canonniers apportent, conjointement avec les travailleurs, les matériaux que l'achèvement de la batterie rend nécessaires;

ils font le revêtement des merlons, ouvrent les embrasures et revêtent leurs joues; ils établissent les plates-formes et leurs chevalets; ils arment et approvisionnent la batterie.

Revêtement des merlons.

195. A la chute du jour, l'officier chargé de diriger la construction de la batterie marque le milieu de l'ouverture de toutes les embrasures avec des piquets plantés sur la genouillère.

On continue ensuite le revêtement des merlons de la même manière que celui de la genouillère, comme on l'a dit art. 108.

Au-dessus de chaque embrasure on place un bout de saucisson de 1^{m},30 à 1^{m},60 de longueur, qu'on arrête avec des piquets ; ses extrémités doivent porter sur celles des saucissons du rang supérieur des merlons. Il a pour objet de consolider ces derniers en les reliant par leurs extrémités, et il sert en même temps à parer quelques coups de fusil aux pointeurs.

Tracé des embrasures.

196. Pendant la construction des mer-

lons, on trace les directrices des embrasures. Si la batterie est de plein fouet, on plante un piquet sur la crête extérieure de l'embrasure, dans l'alignement du piquet du milieu de l'ouverture intérieure de chaque embrasure et de l'objet à battre; cette ligne est prolongée sur le terre-plein, et fixée au moyen de deux piquets enfoncés jusqu'au niveau du terrain en arrière de l'emplacement des plates-formes. On fait ensuite le tracé des joues des embrasures, art. 27 et 29.

Dégorgement des embrasures et revêtement de leurs joues. Masques employés pendant l'exécution des embrasures.

197. Les embrasures tracées, on procède à leur construction; le travail qu'on fait pour les ouvrir s'appelle dégorgement des embrasures. Les travailleurs devant se mettre à découvert sur l'épaulement, lorsque la batterie est exposée aux feux de la mousqueterie de la place ou à un feu vif d'artillerie, on les couvre par un masque que l'on place devant l'ouverture extérieure des embrasures de plein fouet. On le fait ordinairement au moyen de huit gabions ordi-

naires farcis de fascines. On en place six sur la berme de chaque côté de la directrice, contre le pied du talus extérieur, et les deux autres en retour sur ce talus contre les deux extrêmes. Dans ce cas, on a soin de laisser des terres sur la berme, vis-à-vis l'ouverture extérieure des embrasures, dans une épaisseur de 16 à 20 centimètres, afin que les gabions farcis couvrent mieux les travailleurs qui jettent une partie des terres provenant des embrasures entre les gabions et le talus extérieur de l'épaulement de manière à se bien couvrir, et le surplus sur les merlons; ils donnent au fond de l'embrasure l'inclinaison nécessaire pour bien voir les objets à battre et couvrir l'intérieur de la batterie le mieux possible des feux de l'ennemi. Dans les écoles, on l'incline de 1/37 de l'intérieur à l'extérieur.

On se contente quelquefois de former le masque au moyen d'un massif de terre qu'on laisse au milieu de l'ouverture extérieure de l'embrasure, en creusant, suivant l'alignement des joues, une rigole suffisante pour recevoir dans sa largeur un saucisson ou un gabion, suivant que les joues doivent être revêtues avec des saucissons ou avec des gabions. Quand la batterie est achevée, on renverse le masque dans le fossé : les premiers coups de canon qu'on tire peuvent dispenser de ce travail; mais cette méthode met à la gêne dans la construction des joues, garantit moins bien que la première des feux de l'ennemi, et peut être dangereuse lorsque la terre est mêlée de cailloux ; c'est pourquoi la première et surtout la suivante méritent la préférence. Au lieu de placer les gabions farcis sur la berme, il paraît préférable de les placer sur l'épaulement touchant le côté extérieur, parce qu'ils couvrent mieux les travailleurs dans cette position que dans la première; dans ce cas, on dégorge l'embrasure jusqu'à ce qu'on ait atteint le masque; après quoi on rentre les gabions farcis dans la batterie, et on achève de dégorger l'embrasure.

L'embrasure étant dégorgée, on fixe les alignemens des joues par des piquets, et on la revêt en saucissons ou en gabions, comme il a été dit art. 121.

Etablissement des plates-formes.

198. Les plates-formes doivent être com-

mencées immédiatement après le tracé des embrasures et de leurs directrices, qui sont aussi les directrices des plates-formes. Elles sont faites en même temps que le revêtement des merlons, par trois canonniers surveillés par un sous-officier.

Magasins à poudre.

199. Le magasin à poudre est construit avec la communication où il est creusé, et le capitaine-commandant en détermine l'espèce et la capacité, comme il a été expliqué art. 166, d'après les besoins du service. L'emplacement est toujours à une distance des pièces suffisante pour éviter les accidens. Quand la batterie est considérable et composée de bouches à feu de différentes espèces, on ne fait qu'un seul magasin à poudre assez grand pour satisfaire à tous les besoins, et défilé le mieux possible des ouvrages de la place. On choisit parmi les diverses constructions de magasins que nous avons indiquées celle qui présente le plus d'avantages sous le rapport de la solidité et des ressources que l'on peut avoir à sa disposition.

Batterie enterrée.

200. La construction des batteries dont le terre-plein est enfoncé, est beaucoup plus prompte que celle des batteries dont le terre-plein est au niveau du sol ; aussi est-il très-avantageux d'en faire toutes les fois que les circonstances le permettent ; on procédera alors de la manière suivante :

Détails de la construction, pl. 9, fig. 7.

201. Le tracé est analogue à celui qui a été décrit ; la largeur du terre-plein a été fixée à 8^m au lieu de 6 qu'indique l'ouvrage du comité, parce qu'il ne serait pas possible de circuler dans la batterie sans en gêner le service ; de cette manière les dimensions du fossé sont modifiées comme il est indiqué dans la figure. L'enfoncement a été fixé à 74 centimètres, parce que c'est celui qui permet de construire la batterie le plus rapidement possible.

On prend par pièce 8 canonniers et 14 travailleurs d'infanterie, auxquels on ajoute 8 hommes, pour renforcer les deux merlons extrêmes de la batterie et fournir les terres nécessaires pour leur jonction avec le parapet des communications ; deux continueront l'excavation du fossé : un sera placé sur la berme pour jeter la terre dans le coffre, et un dans le coffre pour former l'extrémité du demi-merlon et son raccordement avec le parapet de la communication. Ainsi, pour un nombre N de canons, le nombre total de canonniers nécessaire serait de 8 N, et celui de travailleurs d'infanterie 14N + 8, en supposant qu'il y ait une communication à chaque extrémité de la batterie ; il faudrait en outre le nombre de travailleurs d'infanterie nécessaire pour faire les communications, et 4 ou 8 de plus pour faire chacun des magasins à poudre, dans le cas où ils ne seraient pas dans le parapet des communications.

Les 14 travailleurs d'infanterie et les 8 canonniers sont répartis de la manière suivante, par chacune des pièces :

Six sont placés dans le fossé et jettent les terres dans le coffre ; quelques-uns montent de temps en temps sur la berme pour la déblayer.

Six canonniers au pied du talus intérieur

font une rigole de 8 centimètres de profondeur, et y placent un rang de saucissons dont les joints correspondent au milieu de l'ouverture intérieure des embrasures, afin que ces joints soient recouverts par le 2.e rang de saucissons; ensuite ils s'enfoncent verticalement de 37 centimètres dans une étendue de 1m de large sur 2m de long, en commençant l'excavation sur la ligne qui indique le pied du talus intérieur, et ils jettent les terres dans le coffre; ils s'enfoncent ensuite de 37 autres centimètres, pour compléter l'enfoncement du terre-plein.

Six travailleurs d'infanterie placés derrière eux commencent d'abord à excaver le terre-plein à l'autre extrémité, dans une profondeur de 37 centimètres, et jettent les terres près des canonniers de la première ligne, qui les prennent pour les jeter dans le coffre. Lorsqu'ils ont ainsi excavé le terre-plein dans sa largeur, en allant vers l'épaulement, ils s'enfoncent de la même manière de 37 autres centimètres.

Deux canonniers et deux travailleurs d'infanterie sont placés dans le coffre pour aplanir les terres. Les deux canonniers sont du côté du revêtement intérieur et dament bien les terres derrière le rang de saucissons sans le déranger ; les deux travailleurs d'infanterie sont du côté de la berme. Lorsque les terres sont arrivées à hauteur du premier rang de saucissons, les six canonniers du terre-plein en placent un deuxième rang sur le premier sans le piqueter, et le retirent de 9 centimètres pour former le talus intérieur, de manière que la jonction des saucissons ait lieu vers le milieu des merlons; ils continuent ensuite de rejeter les terres dans le coffre. Dès que le déblai est arrivé à la hauteur du deuxième rang de saucissons, ils placent un rang de gabions sur les saucissons, les pointes en bas et de manière à former les ouvertures intérieures des embrasures. Ces gabions sont inclinés de $0^{m},10$ et retirés de la moitié du diamètre des saucissons, afin que les terres dont on les remplit ne puissent pas tamiser par leur fond sur le terre-plein. Ils placent en même temps les quatre gabions qui doivent former les joues de chaque embrasure, si la batterie est à ricochet, et, s'il est nécessaire, un petit fagot derrière la jonction des gabions ; après quoi ils continuent de jeter les terres, d'abord dans les gabions pour les remplir, et ensuite dans le coffre. Les deux canonniers du coffre dament avec soin les terres contre les gabions, qu'ils ont fixés dans leur position par une hart de retraite; ils forment le fond et les joues des embrasures, ensuite ils couvrent les gabions d'une couche de terre de 4 à 5 centimètres, et terminent la partie supérieure de l'épaulement de manière à lui donner l'inclinaison voulue pour faciliter l'écoulement des eaux.

Les travailleurs du terre-plein déblaient et préparent l'emplacement des plates-formes, et aussitôt qu'il est excavé à la profondeur nécessaire, cinq canonniers font les plates-formes. Le heurtoir est enfoncé dans le talus intérieur de toute son épaisseur, et l'on coupe ce talus de manière que la pièce entre le plus possible dans l'embrasure (1). Le sixième

(1) Dans le dessin du comité on a laissé subsister la partie du talus intérieur comprise entre le heurtoir et le premier saucisson; mais il est évident que cette terre ne peut manquer de tomber au premier coup de canon: il est donc préférable de la supprimer.

canonnier continue à déblayer le terre-plein et à jeter les terres dans le coffre. On donne au terre-plein une pente générale de 10 centimètres de l'avant à l'arrière. Une rigole fait écouler les eaux hors de la batterie d'autant plus facilement, que le terre-plein n'étant que de 74 centimètres au-dessous du sol, se trouve à 26 centimètres au-dessus du fond des communications. Le terre-plein achevé, on piquette les saucissons en enfonçant un piquet dans la séparation des gabions et au milieu de l'embrasure, et on place les chevalets.

Dans les batteries de plein fouet, on donne 6^{m} d'épaisseur à la partie supérieure de l'épaulement, afin que les merlons aient une consistance suffisante, et on donne au terrain l'inclinaison de la plate-forme. Dans ces batteries le revêtement des joues de chaque embrasure exige 14 gabions.

202. Cette construction serait encore plus sûre et plus rapide en faisant le revêtement intérieur à la sape volante et enterrant le terre-plein de 1 mètre. On compléterait la hauteur de la genouillère au moyen d'un bout de saucisson, et le reste de la bat-

terie s'achèverait de la même manière que précédemment.

Batterie dans la parallèle.

203. Lorsque le feu de mousqueterie de la place ou un feu vif d'artillerie empêche de construire la batterie par le moyen précédent, on la fait dans la parallèle même; alors la batterie se réduit à un épaulement sans fossé. On procède à la construction en élargissant la parallèle au moyen de deux rangs de travailleurs, dont un rang élargit la parallèle et jette les terres derrière l'autre rang de travailleurs, qui, se tenant au pied du talus intérieur, jetteront les terres dans le coffre. On fait le revêtement en saucissons ou en gabions; mais si la sape livrée par le génie peut servir, on la conserve. Si les terres ont une consistance suffisante pour conserver le talus de la sape, on refait seulement le revêtement en gabions. Pour cela, on renverse d'abord dans la tranchée les trois gabions les plus rapprochés de la directrice de chaque pièce, et on déblaie l'espace qu'ils occupaient, de manière à pouvoir en placer deux autres sur une base

inclinée à 10/1. Les gabions du génie ayant un diamètre de $0^m,65$, cet espace aura $1^m,95$ de largeur. Les deux gabions d'artillerie que l'on mettra de chaque côté de l'ouverture intérieure de l'embrasure n'occuperont qu'un espace de $1^m,12$. En prenant $0^m,54$ pour l'ouverture de l'embrasure, on aura $1^m,66$; il restera donc à remplir de chaque côté un vide de 14 centimètres, qu'on pourra racheter au moyen d'une petite fascine de ce diamètre. On plantera dans chaque gabion un piquet de plate-forme que l'on enfoncera de 33 centimètres, et qui, en appuyant contre le gabion, le maintiendra dans l'inclinaison du dixième. Si les terres du talus de la sape n'ont pas assez de consistance, même en les soutenant par une claie, on fait tout le revêtement intérieur en saucissons, et on l'adosse contre ce talus et le revêtement en gabions de la sape, ainsi que l'indique la fig. 4. Après avoir formé la genouillère, on renverse dans la sape le gabion qui se trouve à l'emplacement de l'ouverture, et on achève le revêtement intérieur des merlons.

On procède à la construction du reste

de la batterie comme il a été dit à l'article 196. On tient les plates-formes au fond de la parallèle, et l'on règle en conséquence la hauteur de la genouillère et de l'épaulement. On donne ensuite à l'épaulement les dimensions voulues.

Pour laisser une libre communication aux troupes de service et ne pas gêner celles de l'artillerie, il faudra contourner la parallèle en arrière de la batterie, et exécuter cette communication en même temps que la batterie.

Batteries de brèche.

204. Les batteries de brèche sont destinées, ainsi que leur nom l'indique, à ouvrir les remparts des ouvrages de fortification. On les établit le plus souvent soit sur le couronnement du chemin couvert, soit sur le terre-plein même du chemin couvert ou de l'ouvrage qui précède le rempart à battre en brèche, de manière à voir le mieux possible toute sa hauteur.

Contre-batteries.

205. On établit des contre-batteries pour protéger les batteries de brèche contre les

feux de l'artillerie de la place, et principalement contre ceux des faces ou des flancs, suivant que les batteries de brèche sont dirigées contre les faces des demi-lunes ou contre celles des bastions. Dans ce cas, on établit la contre-batterie sur le prolongement de la trouée du fossé de la demi-lune ou du bastion qui est en avant de la batterie de brèche, et dans le couronnement du chemin couvert, parce qu'elle tire sur un ouvrage dont le plan de défilement est plus élevé que celui du chemin couvert, et qu'elle est plus facile à construire dans cette position que dans le terre-plein de cet ouvrage, ainsi que l'indique la figure 1.re planche X. Les contre-batteries établies sur le prolongement de la trouée du fossé des demi-lunes peuvent aussi battre en brèche les faces des bastions qui leur sont opposées.

Le couronnement du chemin couvert se fait ordinairement à 4m de la crête du glacis. Cette épaisseur est suffisante pour l'épaulement des batteries de brèche qui n'ont pas d'autre artillerie devant elles, mais elle est insuffisante pour les contre-batteries qui sont exposées aux feux d'artillerie de la place.

Autant qu'on pourra, on espacera les directrices des batteries de brèche de 5^m ; néanmoins on pourra réduire cet intervalle à 4^m. Mais, pour les contre-batteries, on mettra toujours 5^m au moins d'axe en axe.

Détails relatifs à la construction de ces batteries dans le couronnement du chemin couvert.

206. Le profil du couronnement du chemin couvert a la forme et les dimensions indiquées dans la figure 2, et c'est dans cette sape qu'il s'agit d'établir une contre-batterie ou une batterie de brèche. La construction de ces batteries se divise en travail de jour et en travail de nuit.

Travail de jour.

Pendant le jour, on transporte les matériaux nécessaires, on élargit assez le terre-plein pour établir les plates-formes, on fait les plates-formes et le magasin à poudre, et on élève le revêtement intérieur le plus possible, mais au moins jusqu'à la genouillère, afin que le travail de nuit puisse commencer par le dégorgement des embrasures. Tous ces travaux peuvent être exécutés sans que les travailleurs sortent de la tranchée et de l'espace défilé par les traverses ; on procède à leur exécution de la manière suivante :

On trace le pied du talus intérieur de la batterie et les directrices des pièces. Dans les batteries de brèche, il est essentiel que le pied du talus intérieur soit rapproché le plus possible de la crête du glacis, et que le terre-plein de la batterie ne soit pas plus enfoncé que la sape, afin que les pièces puissent battre le rempart le plus bas possible. Si le couronnement était trop éloigné de la crête du glacis, il faudrait s'en rapprocher à la distance de 4 mètres ; dans les contre-batteries, au contraire, on peut sans inconvénient éloigner le pied du talus intérieur de la crête du glacis et enfoncer le terre-plein de la batterie au-dessous de la sape. Si le revêtement de la sape a assez de consistance et de régularité pour servir de revêtement à la batterie, on le maintiendra ; sinon on y remédiera comme il a été dit à l'art. 203 (1).

(1) Dans l'ouvrage du comité on attribue aux gabions du génie un diamètre de 80 centimètres ; il n'est que de 65. On a donc supprimé tout ce qui est relatif à la manière de transformer la sape en batteries.

207. Les directrices des embrasures des batteries de brèche sont ordinairement perpendiculaires à la direction du rempart à battre en brèche, ou légèrement convergentes, afin de restreindre la largeur des brèches dans la limite de 20 à 30 mètres. Les directrices des contre-batteries devant suivre la direction générale des fossés devant lesquels elles se trouvent, sont le plus souvent obliques.

208. On trace, à 8^{m} en arrière du pied du talus du revêtement intérieur, la largeur du fond du terre-plein de la batterie; à $5^{m},20$, les angles postérieurs des plates-formes, au moyen de deux piquets enfoncés de manière que leur sommet fixe la hauteur de ces points, et par suite le remblai et le déblai à faire pour établir les plates-formes. On déblaie les terres excédantes et on les emploie à former des traverses en arrière des pièces, pour les défiler, s'il y a lieu, des feux de revers de la place, ou à consolider ou élever celles qui sont entre les pièces. On donne aux plates-formes une inclinaison de 4 centimètres par mètre. On donne au fond du terre-plein la même

inclinaison que la sape, et on fait en même temps le magasin à poudre en arrière des traverses. Six canonniers, dont cinq pour excaver les terres et construire les plates-formes, et un pour le magasin à poudre, peuvent faire ce travail en six heures, tandis que trois autres formeront le revêtement intérieur; ainsi, il faudra par pièce neuf canonniers dirigés par un sous-officier, et ils pourront faire facilement tout ce travail en six ou huit heures. Pour établir les plates-formes, on commencera par remblayer la partie indiquée par le profil a, b, c, fig. 3.

Travail de nuit.

209. Pendant la nuit suivante, on achève, s'il y a lieu, le revêtement intérieur, on ouvre les embrasures, on arme et on approvisionne la batterie, on place les chevalets et les portières d'embrasures.

Trois canonniers achèvent, s'il y a lieu, le revêtement intérieur; on place neuf gabions ordinaires farcis de fascines sur un rang, le long de la crête extérieure de l'épaulement pour servir de masque, ou, encore mieux, dix-huit gabions farcis sur deux rangs. On déblaie l'ouverture intérieure de l'embrasure, en donnant à son fond une inclinaison du sixième. On y fait entrer un canonnier pour continuer ce travail et jeter les terres à droite et à gauche sur l'épaulement; aussitôt qu'il y a assez de place, on en fait entrer un second qui aide le premier à faire le logement des deux premiers gabions, à les poser et à les remplir de terre. Lorsque ces deux premiers gabions sont placés, on remplace les deux canonniers par deux autres, qui placent de la même manière les deux seconds gabions; deux autres canonniers placent ensuite les deux troisièmes, et ainsi de suite jusqu'à la fin. Trois brigades, de deux canonniers chacune, se relèveront ainsi successivement, parce que la position gênante dans laquelle ils sont obligés de se tenir, exige qu'ils soient relevés souvent. La pose de deux gabions, un à chaque joue, exige, terme moyen, une heure; il faudra par conséquent 6 heures pour poser les 6 couples de gabions des embrasures des batteries de brèche, et 7 ou 8 pour poser les 7 ou 8 couples des embrasures des contre-batteries. On fait rentrer dans la batterie les gabions farcis du masque, après avoir aminci autant que possible la terre qui supporte ceux qui sont placés à l'ouverture extérieure de l'embrasure, et on achève de la dégorger ensuite, soit à la pelle, soit par les premiers coups de canon. Les terres provenant du dégorgement des embrasures seront plus que suffisantes pour donner aux merlons toute la consistance nécessaire, et le surplus sera employé à consolider et à augmenter la hauteur des traverses adjacentes aux pièces.

210. Le fond de l'embrasure doit être incliné de manière que son prolongement passe au-dessus du sommet de la contrescarpe du chemin couvert, et aille rencontrer l'escarpe de l'ouvrage assez bas pour qu'on puisse y faire une brèche praticable. Pour cela, il faut couper le revêtement au tiers de la hauteur de l'escarpe au moins. Le meilleur est de commencer la brèche à 2^{m} au-dessus du fond du fossé : on obtient le plus grand éboulement possible, et l'accès de la brèche est plus facile.

211. Si le sommet de la contrescarpe masquait la ligne de feu de la batterie, et qu'on ne pût commencer la brèche à la distance convenable, il faudrait renverser la contrescarpe dans le fossé par la mine, ou établir la batterie dans le chemin couvert même, afin de pouvoir découvrir l'escarpe assez bas pour y faire une brèche praticable. Le premier moyen vaut mieux : en l'employant, on évite l'inconvénient de l'établir dans le chemin couvert ; et il est plus expéditif, parce qu'on peut renverser la contrescarpe avant que la batterie de brèche soit achevée.

Batterie de brèche dans le chemin couvert.

212. S'il y avait nécessité d'établir la batterie de brèche dans le chemin couvert, on commencerait par faire une descente dans le chemin couvert, et un couronnement de la contrescarpe ; on construirait ensuite la batterie de brèche d'une manière analogue à celle qu'on a décrite, en donnant à l'épaulement et aux traverses une épaisseur suffisante pour bien défiler le terre-plein de la batterie dans toute sa largeur.

Epaulement en sacs à terre.

213. Si l'on ne peut s'enfoncer dans le terre-plein, on forme l'épaulement en sacs à terre que l'on place par couches, et dans chaque couche, par rangs alternativement en panneresses et en boutisses. On garnit les joues des embrasures de claies, ou mieux de gabions remplis de terre, parce que la toile des sacs à terre serait brûlée par le souffle des pièces. On réduit l'épaisseur de l'épaulement à 4m, et on ne lui donne pas de talus; on laisse une berme entre l'épaulement et la crête de la contrescarpe. Cette construction doit être dirigée de manière que la batterie soit faite et armée dans une nuit, et que tout soit disposé pour qu'elle puisse faire feu au point du jour.

Batterie sur le couronnement d'une brèche, contre un réduit ou un ouvrage intérieur.

214. Les batteries sur le couronnement d'une brèche, ou contre un réduit, se construisent d'une manière analogue à celles dans le chemin couvert. On réduira autant que possible l'épaisseur de l'épaulement, afin de laisser au terre-plein la largeur suffisante pour le service des pièces.

215. Si les rampes des brèches sont trop rapides pour qu'on puisse y faire monter les pièces à bras d'homme, on se sert de palans fixés de chaque côté de la rampe.

Portières d'embrasures.

216. Toutes les fois que le feu de la place est assez rapproché pour tourmenter les canonniers autour de la pièce, on les garantit au moyen de portières. En voici une d'une construction très-facile, qui réunit la simplicité à la solidité. Elle se compose d'un plateau ou madrier en chêne ou en sapin, de 1^m de long sur $0^m,054$ d'épaisseur, qui couvre l'ouverture intérieure de l'embrasure, en s'appuyant par ses extrémités sur la partie supérieure de l'épaulement. Ce plateau supporte un massif formé de trois morceaux de poutrelles ou de lambourdes en chêne ou en sapin, d'environ $0^m,020$ d'équarrissage, d'une longueur un peu moindre que l'ouverture de l'embrasure, et dont la partie inférieure est découpée circulairement, de manière que la pièce étant en batterie, il ne reste entre cette partie et la pièce qu'un espace suffisant pour la pointer. Ces trois morceaux de poutrelles

sont maintenus par quatre semelles ou moises entre lesquelles ils sont chevillés, et qui s'assemblent à queue d'aronde dans le plateau supérieur. Ce massif ferme ainsi l'ouverture intérieure de l'embrasure; et comme il n'est maintenu dans cette position que par le plateau qui repose sur l'épaulement, il peut être enlevé ou remplacé sans aucune difficulté.

BATTERIES BLINDÉES.

Détails sur la construction des batteries blindées.

217. Les batteries blindées peuvent être utilement employées dans la défense des places, dans les positions où l'on peut les mettre à l'abri des feux directs de l'artillerie de l'assiégeant, soit pour contrebattre les batteries de brèche et les contre-batteries, soit pour défendre l'accès des brèches. Elles ne peuvent être vraiment utiles que lorsqu'elles sont dans ces positions; car si elles sont en prise aux feux directs et supérieurs de l'assiégeant, elles sont promptement mises hors de service ; d'ailleurs elles exigent une si grande quantité de bois, principalement les batteries à canons, qu'on peut rarement les employer. Les batteries pour mortiers ou obusiers peuvent être soustraites facilement aux feux directs de l'assiégeant, en les plaçant au pied du talus du rempart. Elles exigent une quantité de bois moindre, et peuvent être d'une grande utilité pour s'opposer à l'établissement ou aux effets des batteries de brèche. Cette destination importante fixe

leur position dans le prolongement des branches du chemin couvert ou des demi-lunes, et il serait par conséquent extrêmement utile qu'elles fussent construites en maçonnerie en même temps que la fortification. Les fig. 2, 3 et 4 de la planche IV font assez connaître la construction de ces batteries, pour qu'on puisse se dispenser d'en faire une description détaillée. Dans la batterie à canons, on a supposé qu'ils étaient montés sur affûts de place, afin de pouvoir conserver facilement la direction du tir pendant la nuit. Si l'on fait usage d'affûts de siège ou de campagne, on réglera la hauteur de la genouillère en conséquence, et, pour former la plate-forme, on couvrira de madriers les semelles des châssis. On a indiqué un fossé en avant de la batterie de mortiers, afin que les projectiles creux de l'assiégeant qui peuvent tomber ou rouler en avant de la batterie, n'incommodent pas par leurs éclats les servans des mortiers. On peut encore, au lieu de faire un fossé, les couvrir tant en avant qu'en arrière par deux rangs de gabions pleins de terre. Quant aux extrémités, elles sont censées couvertes par un épaulement en terre de 4^m d'épaisseur à sa base. On peut aussi enfoncer ces batteries en terre de la moitié ou d'une plus grande partie de leur hauteur, suivant les circonstances, afin de les mieux soustraire aux feux de l'assiégeant. La construction de la batterie à canons exige 53^{m} cubes de bois pour deux canons ; celle du mortier n'exige que 32^{m} cubes pour deux mortiers. On n'a pas mis de volets à l'ouverture intérieure des embrasures de la batterie de canons, parce qu'ils sont très-gênans lorsqu'on veut mettre la pièce en batterie, et que pendant l'exécution de la charge cette ouverture doit être libre pour donner passage à la hampe de l'écouvillon et du refouloir. D'après ce qu'on a dit sur la résistance des blindages, ces batteries sont à l'épreuve de la bombe.

BATTERIES EN TERRAIN VARIÉ.

Obstacles que peut présenter la nature du sol.

218. Dans tout ce qui précède, on a supposé que le terrain sur lequel on a eu à construire des batteries de siège était horizontal ou peu accidenté, qu'il était homogène et facile à travailler, et que sa configuration n'opposait aucune difficulté à l'exécution des travaux; mais il arrive fréquemment qu'un terrain accidenté, pierreux ou marécageux, le roc nu ou un emplacement trop étroit, obligent de modifier le tracé et le mode de construction des batteries. On exposera successivement comment on procède dans chacune de ces circonstances particulières.

Batterie à établir en terrain horizontal ou sur la pente d'une montagne, pour tirer de bas en haut et de haut en bas.

219. La position des objets à battre, relativement au sol sur lequel on se trouve, peut par fois obliger d'établir des batteries de canons en terrain horizontal, ou sur des

pentes de montagnes, pour tirer de bas en haut ou de haut en bas. Le tracé et la construction de ces sortes de batteries présentent plus de difficultés que celles dont il a été question précédemment ; et indépendamment de ces difficultés, il faut encore que l'élévation ou l'abaissement des objets à battre soit tel, que ces objets se trouvent compris dans le plus grand angle sous lequel il est possible de tirer les canons montés sur affûts de siége. Or un canon de 24 monté sur un affût modèle de Gribeauval, reposant en terrain horizontal, peut être tiré sous un angle d'environ 11° au-dessus de ce plan, lorsqu'on le pointe à toute volée, c'est-à-dire lorsqu'on fait reposer la culasse sur la semelle de l'affût ; et sous un angle de 8° au-dessus du même plan, lorsqu'on élève la culasse jusqu'à ce que la pièce touche l'entretoise de volée.

220. Les affûts de siége, nouveau modèle, permettent de tirer à 12° 1/2 au-dessus et à 7° au-dessous de l'horizon : dans le premier cas, en ôtant la vis de pointage, et dans le second, en élevant

la culasse jusqu'à ce que la pièce touche l'entretoise de volée.

221. Lorsque ces angles sont insuffisans pour tirer sur un objet donné, on peut les augmenter en modifiant la construction ordinaire des plates-formes, de manière que la partie sur laquelle les roues reposent se trouve respectivement au-dessus ou au-dessous de la première, d'une quantité telle qu'on puisse pointer sous l'angle voulu ; alors il faut modifier aussi le tracé et la disposition de l'épaulement de la manière ci-après indiquée. Mais la résistance des affûts dont il s'agit, et la nécessité de restreindre la hauteur de l'épaulement dans les limites qui rendent son exécution facile et solide, ne permettent pas d'augmenter l'angle du tir au-delà de 16°, tant au-dessus qu'au-dessous de l'horizon.

Affût de siége de Gribeauval, pl. 10, fig. 7.

222. Pour tirer de bas en haut, jusqu'à l'angle de 16°, avec l'affût modèle de Gribeauval, la culasse de la pièce reposant sur la semelle de l'affût, on limitera la plate-forme à $2^m,36$ du heurtoir, c'est-

à-dire au huitième madrier qu'on arrêtera solidement au moyen de trois piquets; on fera ensuite un ressaut de 40 centimètres de profondeur. On achevera la plate-forme sur ce nouveau plan, en lui donnant la même inclinaison qu'à la première partie, et on formera en arrière un talus en terre, pour arrêter au besoin les crosses de l'affût dans leur recul. Comme la moindre largeur qu'on puisse donner au terre-plein de la batterie est de $6^m,00$, pour que les canonniers placés à cette distance de l'épaulement se trouvent défilés des feux venant aussi sous l'angle de $16°$, il faut donner à cet épaulement une hauteur de $3^m,50$: dimension considérable, surtout si la nature du terrain ne permet pas d'enfoncer le terre-plein de la batterie au-dessous du sol.

La batterie étant supposée en terrain horizontal, si l'on enfonce la première partie de la plate-forme de 74 centimètres au-dessous du sol, la seconde se trouvera à 1^m, 14 centimètres; alors la hauteur de l'épaulement au-dessous du sol sera encore de $2^m,76$.

225. La batterie étant supposée sur la pente d'une montagne inclinée de 16°, si on enfonce la première partie de la plate-forme de 1m,50, hauteur de la genouillère, la hauteur de l'épaulement au-dessus du sol sera encore de 2m,00. Si la nature du terrain ne permettait pas de s'enfoncer de cette quantité, il faudrait alors faire la totalité de l'épaulement et établir les deux parties des plates-formes dans leurs positions respectives au moyen de terres rapportées. Dans tous les cas, il faut faire la partie supérieure de l'épaulement parallèle à la plus grande inclinaison sous laquelle il faut tirer, afin qu'elle présente une résistance suffisante au feu de l'ennemi. La fig. 7 fait voir quels seraient les travaux à faire à la batterie dans les cas suivans :

1.° En bon terrain horizontal, la première partie de la plate-forme se trouvant à 74 centimètres au-dessous du sol;

2.° En mauvais terrain horizontal, la première partie de la plate-forme se trouvant sur le sol même ;

3.° Sur une pente de 16°, en bon terrain, la première partie de la plate-forme étant enfoncée de $1^{m},50$, hauteur de la genouillère au-dessus du sol ;

4.° Enfin sur le roc nu, en pente de 16°, le heurtoir étant placé sur le roc même.

224. Pour tirer de haut en bas avec l'affût modèle de Gribeauval, on limitera la plate-forme à $2^{m},88$, c'est-à-dire au neuvième madrier qu'on arrêtera solidement avec trois piquets ; à cette distance on fera un ressaut de 35 centimètres de hauteur pour recevoir la crosse de l'affût, et on achevera la plate-forme sur ce nouveau plan, en lui donnant la même inclinaison qu'à la première partie. La figure 8 fait voir quels seraient les travaux à faire pour construire la batterie dans les cas dont il vient d'être fait mention. On a limité la hauteur de la crête intérieure de l'épaulement à $2^{m},10$, parce qu'elle est généralement suffisante pour défiler le terre-plein de la batterie. On pourrait même, s'il était nécessaire, la réduire à $1^{m},82$, hauteur minimum qu'on puisse lui donner dans ce cas particulier; et, dans tous les cas, elle doit être terminée de manière à défiler le terre-plein de la batterie.

Affût de siège, nouveau modèle.

225. Pour tirer de bas en haut jusque sous l'angle de 16°, avec les affûts de siège nouveau modèle, la culasse reposant sur la tête de la vis de pointage, on limitera la plate-forme à 2^{m},24 du heurtoir, c'est-à-dire au septième madrier, qu'on arrêtera solidement au moyen de trois piquets; on fera ensuite un ressaut de 43 centimètres de profondeur. On achevera la plate-forme sur ce nouveau plan, en lui donnant la même inclinaison qu'à la première partie, et on fera en arrière un talus en terre pour arrêter au besoin la flèche de l'affût dans le recul. On donnera à cette crête intérieure de l'épaulement une hauteur de 3^{m},50, pour que les hommes placés à l'extrémité de la largeur du terre-plein, supposé de 6 mètres, se trouvent défilés.

226. Pour tirer de haut en bas avec ce même affût, on limitera la plate-forme à 2^{m},88 du heurtoir, c'est-à-dire au neuvième madrier, qu'on arrêtera avec trois piquets. A cette distance on fera un ressaut de 32 centimètres de hauteur pour recevoir la crosse de l'affût, et on achevera la plate-forme sur

ce nouveau plan, en lui donnant la même inclinaison qu'à la première partie.

Tracé des batteries en terrain varié.

227. En terrain varié, l'inclinaison des talus doit être mesurée horizontalement comme en terrain horizontal, et rapportée sur le terrain au moyen d'un fil à plomb; mais toutes les autres dimensions doivent être mesurées suivant l'inclinaison du terrain.

Terrain pierreux.

228. Dans les terrains pierreux, on aura soin de mettre autant que possible dans le bas de l'épaulement les terres les plus mêlées de pierres, et de réserver de la terre sans mélange pour les merlons et le fond des embrasures, afin d'éviter que les projectiles de l'ennemi frappant l'épaulement ne fassent jaillir les pierres dans la batterie; on fera bien de mettre des gabions dans l'intérieur jusqu'à la hauteur de la genouillère, pour contenir ces dangereux matériaux et diminuer la poussée des terres.

Terrain marécageux ou inondé.

229. Quand on est obligé de faire une batterie sur un terrain marécageux ou inon-

dé, il faut commencer par pratiquer, s'il y a lieu, un chemin solide pour faire arriver facilement les hommes, les matériaux et les bouches à feu, avec leurs approvisionnemens, à l'emplacement qu'on a choisi pour établir la batterie. Ce chemin doit avoir au moins 3^m,25 de largeur dans le haut, et s'élever à 65 centimètres au-dessus de la plus grande hauteur que les eaux puissent atteindre.

230. Pour le construire, si le marais est peu profond, on place, suivant la longueur du chemin, et à 4 mètres de distance, deux files de gros saucissons fixés par de forts piquets; on place entre ces saucissons et dans la direction du chemin un lit de fascines, dont les gros et les petits bouts se croisent alternativement, et on lui donne une épaisseur égale aux deux tiers de la profondeur du marais, si toutefois elle n'excède pas un mètre; on couvre ces fascines de claies longues de 3^m,25, posées suivant la largeur du chemin, et on arrête leurs extrémités par des piquets traversant les claies et le lit inférieur de fascines. Enfin, on couvre ce second lit de fascines d'une

épaisseur suffisante de paille et de terre pour garantir les fascines du contact des roues des voitures, et pour rendre le chemin uni; on lui ménage une pente du milieu vers les côtés.

On consolide par les mêmes moyens le sol sur lequel la batterie doit être établie, et on en détermine l'étendue de manière que l'épaulement ait, sur le devant et sur les côtés, une berme de 1 mètre de largeur; que l'emplacement des plates-formes, les magasins à munitions et le recul aient les dimensions et l'étendue qu'exigent les besoins du service.

Si la profondeur du marais ou de l'inondation est considérable, on fait plusieurs lits de fascines recouvertes de claies, tels qu'on vient de le décrire, chacun de 50 à 65 centimètres d'épaisseur, et disposés de manière que, dans celui de dessus, les fascines soient toujours en travers, afin qu'elles offrent une résistance convenable au charroi. On peut aussi former le massif de cette chaussée avec des branches et des troncs d'arbres, entre lesquels on jette des pierres, du gravier et de la terre. Si l'inondation a une profondeur telle que ces moyens soient insuffisans, on peut faire usage de bateaux plats, d'une forme simple mais solide, ou de radeaux garnis d'un épaulement, qui précèdent des bateaux qu'on coule à fond à l'emplacement de la batterie, en les chargeant de pierres, de terre ou d'autres matériaux. Par ce moyen on peut se procurer un espace assez grand et assez solide pour supporter une batterie dont la construction a lieu ainsi qu'il a été dit précédemment. Mais comme les matériaux qu'on peut y employer le plus facilement ne peuvent généralement être transportés sur place que successivement et avec lenteur, il est toujours prudent de couvrir le travail de la batterie par un masque de l'espèce de ceux dont il a été fait mention à l'art. 186.

Batteries flottantes.

231. Enfin, si l'inondation était considérable, et trop profonde pour qu'on pût y établir facilement des batteries permanentes, et si on se trouvait dans la nécessité d'établir sur des lacs ou des rivières profondes des batteries flottantes qui pussent être con-

duites facilement aux divers points où elles seraient nécessaires, on les établira sur des radeaux ou sur des bateaux auxquels on donnera les dimensions et la consistance nécessaires pour supporter la batterie et résister aux effets du tir. Les batteries flottantes établies sur des bateaux sont plus faciles à diriger et à gouverner que celles qui sont établies sur des radeaux. Ces dernières ont sur les premières le grand avantage de ne pouvoir être submergées par les projectiles de l'ennemi : ce qui doit leur faire donner la préférence lorsque les eaux sont stagnantes ou n'ont qu'un faible courant. Les radeaux peuvent être faits avec des corps d'arbres jointifs, recouverts d'une plate-forme en madriers, ou avec des futailles vides placées entre des corps d'arbres auxquels elles sont assujetties au moyen de cordages. Ces dernières s'enfoncent moins dans l'eau que les premières, et cette propriété peut, dans quelques circonstances particulières, leur faire donner la préférence ; mais l'usage n'en est pas aussi sûr, parce que les futailles peuvent faire eau et occasionner la submersion du radeau. Par ce motif on place leur bonde dans la partie supérieure, afin que de temps à autre on puisse y introduire une pompe à main pour en extraire l'eau qui pourrait s'y trouver. Il est important que les radeaux s'enfoncent le moins possible dans l'eau, afin qu'ils puissent naviguer facilement et être conduits dans toutes les parties d'une inondation où leur emploi peut être nécessaire : par ce motif il convient de faire l'épaulement de la batterie en matières légères et résistantes : le bois est une de celles qui satisfont le mieux à ces conditions ; car l'expérience a fait connaître que les boulets de gros calibre, tirés à la distance de 400 à 500 mètres, ne s'enfoncent dans un massif de bois de chêne que d'environ $1^m,25$. Ainsi, en donnant $1^m,80$ ou $2^m,00$ d'épaisseur à un épaulement fait en poutres ou lambourdes de chêne, on aura la certitude qu'il résistera aux plus gros projectiles qu'il pourra recevoir. On espacera les directrices des pièces de 5 mètres, afin qu'elles puissent être manœuvrées avec facilité, et on disposera tout le système de manière que son centre de gravité et celui du radeau se trouvent sur la même verticale, afin de lui donner la plus grande stabilité possible ; on lui donnera des dimensions telles qu'il surnage de 20 à 30 centimètres. Il serait imprudent de transporter les munitions destinées à l'approvisionnement des pièces : il ne doit y avoir ordinairement que quatre à cinq coups pour chacune d'elles ; tout le reste des munitions doit être transporté à la suite du radeau, soit sur des nacelles, soit sur des tonneaux bien étanchés, pouvant s'ouvrir par le haut, et qui, tenant les munitions sous l'eau, les exposeraient le moins possible au feu de l'ennemi, afin qu'en cas d'explosion la batterie ne soit pas exposée à être détruite. Ces considérations générales suffisent pour faire connaître ce qu'il y aura de mieux à faire, dans chaque cas particulier, pour la construction des batteries flottantes dont on pourrait être dans la nécessité de faire usage. Ces batteries employant une grande quantité de matériaux rares, on ne doit y avoir recours que lorsque leur utilité est bien reconnue. Les données suivantes peuvent servir à déterminer approximativement les dimensions des radeaux sur lesquels on veut établir des batteries.

On suppose qu'il s'agisse de faire pour un canon de 24 ou de 12 un radeau de bois de sapin, dont le mètre cube pèse 496 kilogrammes, c'est-à-dire la moitié environ du poids d'un pareil volume d'eau.

	24	12
	kil.	kil.
Un affût de siège de ces calibres pèse.........	1,100	700
Canon	2,775	1,556
Plate-forme, armem., etc.	1,200	1,200
Poids d'un épaulement en chêne, de 5^{m} de long, 2^{m} de large et $2^{m},30$ de haut	22,000	22,000
Total du poids à supporter par le radeau	27,075	25,456

On suppose encore que pour le service de chaque canon il faille donner au radeau 15 mètres de long et 15 mètres de large, afin qu'il ait la stabilité nécessaire ; en lui donnant une épaisseur de $1^{m},12$, il contiendra 84 mètres cubes de sapin, qui pèseront 41,664 kilogrammes, et il s'enfoncera dans l'eau de 56 centimètres. Si on le charge d'un canon de 24 et de tout ce qui en dépend, c'est-à-dire de 27,000 kilogrammes, il conservera un excédent de poids de 14,664 kilogrammes, c'est-à-dire de plus du tiers de son poids total, et la surface supérieure se trouvera par conséquent au-dessus de l'eau d'environ 20 centimètres.

Pour un canon de 12, en donnant au radeau la même surface et seulement 1^{m},04 d'épaisseur, il contiendra 78 mètres cubes de sapin, qui pèsent 38,688 kil., et il s'enfoncera dans l'eau de 52 centimètres. Si on le charge d'un canon de 12 et de tout ce qui en dépend, c'est-à-dire de 25,456 kilogrammes, ou de plus du tiers de son poids total, il conservera un excédent de poids de 13,232 kil., et sa surface supérieure se trouvera par conséquent au-dessus de l'eau d'environ 18 centimètres.

On voit donc qu'il y a avantage à établir des canons de gros calibre sur des radeaux de cette espèce. Dans les calculs qu'on vient de présenter, on a supposé que le radeau formait un parallélépipède parfait : ce qui n'est pas en réalité, parce que les corps d'arbres laissent des vides entre eux ; mais il n'en faudra pas moins les mêmes quantités de bois, et il en résultera seulement dans les dimensions des radeaux une augmentation qui ne pourra être nuisible à leur service.

Rochers nus.

252. S'il y a nécessité de construire une batterie sur des rochers nus, il faut forcément y transporter tous les matériaux qu'exige la construction de son épaulement ; et comme elle ne peut avoir lieu généralement que lentement, il faut commencer par couvrir les travailleurs par un masque de la forme de ceux dont il a été fait mention plus haut, et qui règne dans l'étendue que devra occuper la batterie et ses communications avec les autres travaux d'attaque trop exposés aux feux de l'ennemi. Dans ce cas, on fait usage de tous les matériaux qui peuvent accélérer la construction de la batterie, et dont les circonstances particulières dans lesquelles on se trouve permettent de disposer, tels que sacs à laine, matelas, fascinages, bois de construction, terre, etc. etc. Si l'épaulement doit être en terre, soit en totalité, soit en partie seulement, on la fait transporter dans des paniers, dans des hottes, dans des brouettes ou des sacs à terre : ce dernier

moyen est le plus sûr et le plus expéditif. Pour le mettre en usage, on met d'abord les sacs pleins en dépôt dans un lieu qui soit à l'abri des feux de l'ennemi, et le plus à portée possible de l'emplacement que la batterie doit occuper ; après quoi on procède à sa construction, ainsi qu'il a été dit plus haut. A défaut de sacs à terre, on fait le revêtement intérieur et celui des côtés en gabions dont les pointes soient coupées, et on fait transporter les terres dans des hottes, dans des paniers ou dans des brouettes.

Si l'on fait usage de matelas, de sacs à laine ou autres matières combustibles qui puissent être brûlées par le souffle des pièces, on revêt les joues d'embrasures en gabions et on les remplit de terre ou de fascinages.

Emplacemens qui manquent de largeur.

233. On suppose qu'après avoir disposé l'épaulement de la batterie de manière à restreindre autant que possible l'espace qu'il doit occuper, il restera en arrière au moins $6^m,50$, minimum de la largeur qu'on peut donner dans ce cas au terre-plein. Si le fond qui est en arrière n'a que peu de profon-

deur, on le comble avec des fascines ou de la terre, de manière à donner au terre-plein la largeur voulue. Si ce moyen est insuffisant ou impraticable, et s'il ne manque qu'une largeur de 1m à 1m,30, on emploie pour gîtes des poutrelles de 6m,50 de longueur et de 16 à 19 centimètres d'équarrissage; on les place à la hauteur voulue, on leur donne l'inclinaison que doit avoir la plate-forme, et on soutient leur extrémité postérieure par un chevalet dont la longueur soit au moins égale à la largeur de la plate-forme; on couvre ensuite ces poutrelles de madriers, pour former un plancher de la largeur de la plate-forme, semblable à la culée d'un pont. Mais comme les extrémités des madriers déborderaient les poutrelles d'environ 80 centimètres, et n'auraient pas la solidité suffisante, on soutient leurs extrémités par deux bouts de poutrelles qui reposent par un bout sur le chevalet et par l'autre sur le terrain.

S'il manque à la largeur du terre-plein plus de 1m,30, on fait aussi usage de poutrelles de 16 à 19 centimètres d'équarrissage, mais on leur donne au moins 8m,50 de longueur. On en met sur toute la longueur du terre-plein, et on les espace de 65 centimètres. On fait entrer une de leurs extrémités de $2^{m},00$ dans l'épaulement, et on soutient l'autre par des chevalets, de manière qu'un d'eux corresponde à l'emplacement des crosses des affûts, ou s'en trouve aussi rapproché que possible. Ces chevalets seront au besoin remplacés par des pieux ou par des pilots enfoncés dans le terrain et couronnés par un chapeau fixé aux pilots par des étriers en fer. On couvre ces poutrelles avec des madriers cloués, et on forme de cette manière un plancher d'une solidité suffisante pour recevoir les pièces et résister à leur tir. Afin d'obvier à un trop grand recul, on met un contre-heurtoir à la distance nécessaire pour pouvoir charger la pièce avec facilité.

Cette espèce de pont, formant le terre-plein de la batterie, ne peut convenir que pour les canons et les obusiers : sa solidité n'est pas assez grande pour recevoir des mortiers.

NOTE SUR LE DÉFILEMENT.

1. On a vu, à l'article 6 du texte, que si la hauteur de $2^m,30$ donnée à l'épaulement était insuffisante pour couvrir l'extrémité du terre-plein de la batterie, il faudrait l'élever jusqu'à ce que le point le plus exposé se trouvât défilé. On a dit en outre, à l'article 42, que les retours formant traverses et les communications devaient être défilés des ouvrages de la place; mais on n'a pas indiqué de méthode pour opérer ce défilement. Nous nous décidons d'autant plus volontiers à consacrer une note à cet intéressant objet, que quelques personnes ont des idées peu exactes sur le défilement en général et sur la manière de l'exécuter.

2. Le défilement comprend deux parties distinctes. L'une dépend de la géométrie: c'est celle qui est relative aux conditions nécessaires pour se défiler. L'autre dépend de la position de l'ouvrage à défiler, par rapport aux points dont il s'agit de se défiler. Nous commencerons par traiter la partie géométrique, dont nous avons besoin; et,

dans le but d'être compris par le plus grand nombre, nous ne craindrons pas d'entrer dans les détails les plus élémentaires.

DES POINTS.

Un point est déterminé par sa projection et sa cote.

3. Nous supposerons, dans tout ce qui va suivre, qu'un point est déterminé par sa projection sur le plan horizontal et par sa cote de hauteur ou de nivellement. La différence entre cette cote et celle du plan indiquera la hauteur au-dessus du plan horizontal. Toutes les cotes sont prises par rapport à un plan général de comparaison, horizontal et passant au-dessus de tous les points que l'on considère.

DES LIGNES DROITES.

Représentation des droites.

4. Une droite étant déterminée par deux points de sa direction, il suffit, sur un plan nivelé, de connaître les projections et les cotes de deux de ses points, pour que sa position soit fixée dans l'espace. Mais on trace la projection entière de la droite en se contentant de coter deux points.

Droites horizontales.

5. Une droite horizontale est représentée par sa projection et deux cotes égales placées aux extrémités.

Droites verticales.

6. La représentation d'une droite verticale se réduit au point qui est sa projection horizontale.

PROBLÈMES SUR LES LIGNES DROITES.

7. On peut se proposer sur les lignes droites un nombre infini de problèmes. Nous nous contenterons d'indiquer la solution des principaux.

8. *Première question*. Trouver la cote d'un point d'une droite dont on connaît la projection.

Une droite étant donnée par sa projection horizontale et les cotes de deux de ses points, on peut demander la cote d'un autre point dont on a la projection.

Si l'on conçoit que par un des deux points connus de la droite on mène une verticale, que par le second point connu on mène une horizontale dans le plan de cette verticale et de la droite donnée, qu'enfin par la projection connue du troisième point on élève une autre verticale rencontrant à la fois la droite donnée et l'horizontale qu'on vient de déterminer, on formera ainsi deux triangles semblables d'où l'on déduira la proportion suivante: La partie de la projection horizontale de la droite donnée, comprise entre les deux points connus, est à la différence de cotes des deux mêmes points comme la distance entre la projection du second point connu et celle du point dont on cherche la hauteur est à la différence de cotes de ces deux points. Les trois premiers termes de la proportion étant connus, on en déduira le quatrième en nombre, et par une soustraction on en conclura la cote cherchée.

9. *Deuxième question.* Trouver la projection d'un point d'une droite dont on connaît la cote.

La construction précédente conduira à la solution de la question.

10. *Troisième question.* Tracer l'échelle de pente d'une droite donnée.

Echelle de pente d'une droite. Son usage.

La deuxième question permet de trouver

la projection d'un point quelconque dont on connaît la cote. On peut donc diviser la droite en parties dont les cotes diffèrent toutes d'une quantité donnée, d'un mètre par exemple. La projection ainsi divisée prend le nom d'échelle de pente, parce qu'elle fait connaître la pente de la droite dans l'espace, au moyen du rapport de la hauteur à la base de la pente. Elle sert aussi à trouver un point dont on connaît la cote, ou la cote d'un point dont on connaît la projection.

11. *Quatrième question.* Trouver la pente d'une droite connue par deux points.

On prend la différence de cotes des deux points et on la divisera par la distance comprise entre les projections des deux points. On ramènera le rapport à la forme simple $\frac{1}{a}$ par une division.

On résoudra avec facilité le problème où il s'agit de déterminer une droite dont on connaît la projection, un seul point et l'inclinaison avec l'horizon.

DES PLANS.

Manière de représenter les plans.

12. Le moyen le plus simple pour repré

senter un plan consiste à le supposer traversé par une série de droites parallèles entre elles et s'appuyant sur une même droite. La représentation se simplifie encore, quand on suppose que les droites que l'on considère sont horizontales équidistantes, et que celle sur laquelle elles s'appuient est perpendiculaire à leur direction. On les trace équidistantes en projection et on les suppose dans des plans horizontaux équidistans, de manière que leurs cotes suivent une progression arithmétique. A moins que la pente des plans ne soit trop faible pour décrire suffisamment leur surface, on cote les horizontales de mètre en mètre en nombres entiers.

13. La droite sur laquelle s'appuient les horizontales leur est perpendiculaire, et par conséquent est dirigée suivant la ligne de plus grande pente du plan. Si l'on marque sur cette droite les points où elle est coupée par les projections des horizontales avec leurs cotes respectives, elle suffira à elle seule pour déterminer le plan, puisqu'on pourra, en lui élevant des perpendiculaires, retrouver autant d'horizontales qu'on voudra.

Echelle de pente d'un plan.

Cette droite prend le nom d'échelle de pente du plan, parce que tracée suivant la projection de sa ligne de plus grande pente, elle sert à en faire connaître immédiatement l'inclinaison avec l'horizon par le rapport de la hauteur à la base de la pente.

Plans horizontaux. Plans verticaux.

14. Lorsqu'un plan est horizontal, son échelle de pente passe à l'infini; lorsqu'il est vertical, elle se réduit à un point. Le plan est déterminé par sa seule trace sur le plan horizontal de projection.

PROBLÈMES SUR LES PLANS.

15. Nous résoudrons aussi les principaux problèmes relatifs aux plans.

Première question. Trouver la cote d'un point d'un plan dont on connaît la projection.

Supposons que l'on ait l'échelle de pente du plan, on abaissera une perpendiculaire sur sa direction de la projection du point donné, et l'on se trouvera ramené à la question 1, art. 8.

16. *Deuxième question.* Trouver l'échelle de pente d'un plan passant par trois points donnés.

On joindra deux des points donnés par une droite; puis on marquera sur sa direction le point qui se trouve à la même cote que le troisième point donné. On aura ainsi une horizontale du plan. L'échelle de pente lui sera perpendiculaire, et il sera facile, au moyen des deux autres points, d'achever sa division.

17. *Troisième question.* Par un point M pris sur un plan horizontal, tracer sur ce plan une droite telle, qu'elle détermine avec un point donné (A) dans l'espace un plan incliné à l'horizon d'une quantité donnée.

La question se réduit évidemment à faire passer par la ligne $\overline{(A)M}$ qui joint les deux points donnés un plan qui ait l'inclinaison donnée avec l'horizon, et à trouver l'intersection de ce plan avec le plan horizontal ou sa trace horizontale.

Cela posé, on sait que l'angle de deux plans se mesure par celui de deux droites tracées dans chacun de ces plans perpendiculairement en un même point de l'intersection commune. Pour tracer cet angle, supposons le problème résolu, et abaissons du point (A) dans l'espace une perpendiculaire sur le plan horizontal. Le pied A de cette perpendiculaire sera la projection horizontale du point (A). Abaissons maintenant du point A une perpendiculaire sur la droite $\overline{Mp}$ qui représente l'intersection commune des deux plans, et soit p le pied de cette perpendiculaire ; en joignant les points (A) et p, on aura une droite $\overline{(A)p}$ qui sera aussi perpendiculaire à l'intersection des deux plans. Donc cette droite formera avec l'horizontale $\overline{Ap}$ l'angle des deux plans. Mais cet angle est connu, puisque l'on a donné l'inclinaison du plan avec l'horizon. Le nombre qui exprime cette inclinaison n'est autre chose que la tangente de cet angle. D'un autre côté, dans le triangle rectangle formé par les droites $\overline{(A)A}$, $\overline{Ap}$ et $\overline{(A)p}$, on connaît la distance du point (A) au plan horizontal. Ce triangle est donc déterminé, et la base $\overline{Ap}$ est connue, puisqu'elle est égale à la hauteur du point (A) au-dessus du plan horizontal, multipliée par le nombre qui exprime l'inclinaison du plan. Si donc de la projection A du point donné dans l'espace, on décrit une circonférence de cercle d'un rayon égal à la base $A\overline{p}$, la tangente menée à cette circonférence par le point M donné dans le plan horizontal, sera la direction cherchée de la trace du plan.

Le problème est susceptible de deux solutions, entre lesquelles on choisira celle qui peut satisfaire à l'objet particulier de la question.

18. *Quatrième question*. Par un point donné sur un plan incliné faire passer sur un plan une droite telle, que le plan qu'elle détermine avec un point donné dans l'espace ait une inclinaison donnée dans le sens du profil perpendiculaire à la projection de la droite cherchée.

On ne connaît plus ici l'inclinaison de la ligne de plus grande pente du plan, en sorte qu'on ne peut agir comme dans le cas précédent. En supposant également le problème résolu, et abaissant de la projection du point donné dans l'espace une perpendiculaire sur la projection de la ligne cherchée, cette perpendiculaire sera la projection de la droite dont on connaît la pente sur le plan; son pied sera sur une demi-circonférence décrite sur la droite qui joint les projections des deux points donnés comme diamètre. Mais, en outre, ce point dans l'espace doit se trouver sur le plan donné et sur la surface conique droite, dont le centre est le point donné hors du plan, et dont les génératrices sont inclinées à l'horizon de la quantité donnée. Le point cherché sera donc sur l'intersection de la surface conique et du plan. Si donc on prend l'intersection de cette section conique avec la demi-circonférence dont il a été question plus haut, on aura le pied de la perpendiculaire, et en le joignant avec la projection du point donné sur le plan, on aura la droite cherchée.

Construction graphique.

19. Pour exécuter graphiquement cette construction, on commence par décrire la demi-circonférence entre les projections des deux points donnés; puis on coupe le cône par une suite de plans horizontaux équidis-

tans, passant par les horizontales du plan donné. Les rayons des cercles que l'on obtient par là diffèrent tous l'un de l'autre d'une quantité égale à la base de la pente donnée, l'équidistance des plans étant prise pour hauteur. On construit sur une droite quelconque une échelle propre à donner tous ces rayons. Cela fait, on opère sur une première horizontale du plan donné, et l'on prend sur l'échelle une ouverture de compas égale au rayon du cercle qui lui correspond. Cette distance étant portée entre la projection du sommet du cône et l'horizontale, fait connaître par son extrémité un premier point de la courbe d'intersection; et la même opération, répétée sur un nombre suffisant d'horizontales, donne la courbe entière. On trouvera généralement deux solutions; mais il sera facile de reconnaître celle des deux qui peut convenir à l'objet qu'on se propose.

Comme la construction qui résout la deuxième question est un peu compliquée, on pourra le plus souvent, dans la pratique, lui substituer celle de la première, sans commettre une erreur trop sensible.

Objet du défilement. Plan de défilement.

20. Passons maintenant au défilement proprement dit.

L'objet du défilement d'un ouvrage quelconque est de garantir ses défenseurs des feux tirés des hauteurs dominantes. Pour que l'ouvrage soit défilé, il faut tenir ses crêtes dans un ou plusieurs plans passant à une certaine hauteur au-dessus des hauteurs dominantes, et laissant tout le terre-plein à 2^m au-dessous d'eux. Le plan qui contient les crêtes intérieures se nomme *plan de défilement*. Dans le cas particulier d'une batterie de siège, il suffit de faire passer le plan de ses crêtes à 50 centimètres au-dessus des points dangereux, ou même par les points dangereux, parce que les coups auxquels la batterie est exposée partent toujours de points plus bas que la crête des ouvrages ennemis.

Plan de site.

21. Pour exécuter le défilement, on suppose le plan de défilement abaissé parallèlement à lui-même de 50 centimètres, de manière qu'il devienne tangent au point dont il s'agit de défiler. Il prend alors le nom de

plan de site, et ne passe plus qu'à $1^m,50$ au-dessus de la limite du terre-plein de l'ouvrage à défiler. La recherche du plan de défilement est donc ramenée à celle du plan de site. Comme la condition de passer par un point ne le détermine pas, on l'assujettit le plus souvent à passer par une droite que l'on suppose horizontale, tracée à la limite du terre-plein de l'ouvrage à défiler. Alors la question se réduit à mener par une droite horizontale donnée un plan passant par un point donné, et à trouver l'intersection de ce plan avec un ou plusieurs plans verticaux donnés de position. Ce problème se résoudra au moyen de la première question sur les plans, art. 16 ; et en relevant de $0^m,50$ chaque point d'intersection du plan de défilement avec le plan vertical qui passe par la projection horizontale de la crête intérieure, cette dernière sera déterminée complètement.

Défilement d'une batterie.

22. Faisons l'application de ce procédé au défilement d'une batterie.

On tracera d'abord la projection horizontale de la crête intérieure à l'emplacement désigné, et la limite du terre-plein de la batterie. Si la batterie est en avant d'une parallèle, ce sera la direction du pied du talus des terres que l'on prendra pour la limite du terre-plein. On supposera cette droite relevée de 2^m ; de sorte que si le terrain est coté 20,00, la droite en question sera cotée 18,00. On mènera par cette droite, et par le point A dont on doit se défiler, un plan dont l'intersection avec le plan vertical qui passe par la projection de la crête intérieure déterminera la hauteur de l'épaulement de la batterie. On fera la même opération pour tous les points dangereux, et le plan qui laissera tous les autres au-dessous de lui sera le plan de défilement. Dans notre dessin (planche A) la crête intérieure de la batterie est à 300^m de la demi-lune B, dont elle est destinée à ricocher la face gauche. Le saillant de cet ouvrage est à la cote 14,40; de sorte que la différence de niveau entre ce point et la droite 18,00, est 3,60. D'un autre côté, la plus courte distance du point à la droite est de 250^m; d'où il suit que la pente du plan est de

$$\frac{3,6}{250} = \frac{1}{\frac{250}{3,6}} = \frac{1}{70}.$$ Il sera aisé d'après cela de déterminer les cotes des extrémités de l'épaulement qui sont respectivement à 20^m et à 30^m de la parallèle. Ces cotes seront respectivement 17,70 et 17,56; c'est-à-dire que la crête intérieure serait inclinée de 14 centimètres de la gauche à la droite, et élevée à une extrémité de $2^m,44$, et à l'autre de $2^m,30$ au-dessus du terrain.

Défilement sur le terrain.

23. Sur le terrain on s'y prendra de la manière suivante: la limite du terre-plein étant déterminée par les têtes de deux piquets placés à ses extrémités et relevés de 2^m au-dessus du terrain, on mènera par cette ligne des rayons visuels aux saillans des différens ouvrages, et l'on déterminera leur intersection avec un jalon placé à chaque extrémité de l'épaulement. On mesurera successivement les hauteurs de ces divers points d'intersection au-dessus du terrain. La plus

grande de toutes déterminera la hauteur de l'épaulement au-dessus du terrain. On examinera si l'on a intérêt à tenir la crête intérieure horizontale ou à l'incliner.

Tracé des retours.

24. Si l'on n'a pu éviter que la batterie soit prise en rouage, il faut nécessairement faire un retour qui la mette à l'abri de cette espèce de feux. On ne peut plus alors employer le procédé qu'on vient de décrire, parce que le plus souvent on parvient à se défiler, sans donner au retour une hauteur plus grande que celle de l'épaulement. Il suffit de l'incliner convenablement. Nous allons nous occuper de ce cas, qui est le plus difficile, et pour lequel nous ferons l'application de la solution de la question 3, article 17.

25. On suppose une batterie placée à 20^{m} en avant d'une deuxième parallèle, à la distance de 300^{m} d'une demi-lune dont elle est destinée à ricocher la face gauche et le chemin couvert. MN est la crête intérieure de l'épaulement à la cote 17,70, le terrain naturel étant coté 20,00. Les ouvrages qu

ont des vues sur la batterie sont les 3 demi-lunes A, B, C, leurs chemins couverts a, b, c et le chemin couvert O du bastion. On voit de suite que la batterie a besoin d'un retour qui la couvre à gauche contre la demi-lune A et son chemin couvert a, et à droite contre la demi-lune C et son chemin couvert c.

Commençons par tracer le retour qui, partant du point M, couvre la batterie contre la demi-lune A et son chemin couvert. On reconnaîtra d'abord que le point le plus exposé de la batterie de ce côté est à l'extrémité de la plate-forme la plus éloignée de la traverse. Ce point est élevé de 21 centimètres au-dessus du terrain. Si donc on le suppose relevé de 2^m, il sera à $2^m,21$ au-dessus du terrain et par conséquent à la cote 17,79. La différence de niveau entre le point M et ce point est de 9 centimètres. Leur distance peut varier de 7^m à 11^m, 15^m, 19^m, etc., par conséquent l'inclinaison de la droite qui les joindrait de 1/70 à 1/122, 1/167, suivant que la batterie a une, deux, trois pièces. Si donc on mène par le point M un plan qui, passant par le point A, ait cette inclinaison, on sera sûr qu'il laissera à 2^m au-dessous de lui le point le plus exposé de la batterie, et sa trace horizontale sera la direction du retour. On décrira donc (3.e question, art. 17) du point A comme centre, avec un rayon égal à 70 fois, par exemple, la différence de niveau entre le point A et le point M, un cercle auquel on mènera une tangente par le point M. Cette droite sera la trace du plan de défilement et par conséquent la direction du retour.

Comme il y a deux solutions, et que l'une des directions fait un angle très-obtus, et l'autre un angle aigu avec la crête intérieure de l'épaulement, on pourrait, si l'on n'en était empêché par d'autres considérations, choisir une direction intermédiaire perpendiculaire à celle de l'épaulement, comme nous l'avons fait dans le dessin de la planche IX. Mais ici, où l'on a en outre à garantir le retour des feux d'enfilade, il faut examiner quel est celui des autres ouvrages dont on doit se défiler. En répétant la construction précédente, on reconnait que la demi-lune B est le point le plus dangereux, et qu'on doit donner au retour la direction de la tangente menée du point M au cercle décrit du point B comme centre avec un rayon égal à 70 fois la différence de niveau entre le point M et le point B. Mais comme la direction ainsi obtenue est fort oblique, il vaut mieux raidir le plan de défilement en élevant l'épaulement du retour. Or, si on l'élève de 11 centimètres, le plan que l'on obtient n'est plus incliné qu'au 1/30, et la direction du retour est alors convenable. La longueur du retour sera déterminée par la ligne de feu qui joindrait le saillant le plus rapproché de la batterie et le point extrême du terre-plein.

La communication partira de l'extrémité du retour et suivra la direction que l'on aura trouvée jusqu'à sa rencontre avec la parallèle. Comme, dans le cas où elle serait très-oblique, elle n'irait rencontrer la parallèle que fort loin, on devra augmenter aussi la hauteur de son parapet, afin de s'éviter une partie du travail que nécessiterait sa construction (1).

(1) L'inclinaison de son plan de défilement est de 1/14.

Dans tous les cas, en portant la hauteur de l'épaulement jusqu'à $2^m,50$, on obtient un plan incliné au 1/20, et on peut encore le raidir jusqu'au 1/12, en élevant l'épaulement de $2^m,60$, et se contentant d'élever l'extrémité de la plate-forme de $1^m,90$ au lieu de 2^m.

On répétera du côté droit de la batterie la construction que nous avons indiquée pour le côté gauche; elle donnera lieu aux mêmes observations (1).

Défilement sur le terrain.

26. Pour se défiler sur le terrain, on procédera de la manière suivante : on adaptera à un pied bien droit deux tringles perpendiculaires entre elles, l'une ayant l'inclinaison du plan de défilement, l'autre perpendiculaire au pied; on placera au point

---

(1) Les calculs précédens sont faits dans l'hypothèse où l'on ne considère qu'une seule pièce. Dans le dessin on a supposé que l'inclinaison des plans de défilement était de 1/67, parce que l'on a pris $6^m,50$ pour la distance de l'extrémité de la plate-forme à l'extrémité de l'épaulement.

M le pied de l'instrument, dans une position verticale que l'on vérifiera au moyen du fil à plomb ; on se retirera en arrière, pour voir si le plan des deux tringles passe par le point A, dont il s'agit de se défiler : s'il est au-dessus, le retour sera trop oblique ; s'il est au-dessous, le retour sera pris de revers ou d'enfilade. Il suffira de quelques essais pour trouver l'inclinaison convenable ; et on devra toujours chercher à se défiler juste, afin de s'épargner le travail qui résulterait d'une rencontre trop éloignée de la communication avec la parallèle.

Il est nécessaire de rendre mobile le plan des deux tringles, afin de pouvoir au besoin changer l'inclinaison du plan de défilement.

Critique d'un prétendu procédé de défilement.

27. Nous ferons, en terminant cette note, une observation très-importante : il résulte du tracé même des retours formant traverses, que c'est moins contre les coups en rouage que contre les coups d'enfilade qu'il est quelquefois difficile de se défiler, et ce sont les coups d'enfilade qui sont le plus dangereux ; il faudra donc examiner

avec le plus grand soin si la direction que l'on a donnée au retour met à l'abri de cette espèce de feux. Le procédé que nous avons indiqué pour opérer sur le terrain est d'un usage commode et facile ; aucune raison ne pourrait empêcher de l'employer dans le but d'accélérer le tracé. Nous avons entendu quelquefois énoncer en principe, que la direction des retours devait toujours être perpendiculaire à la ligne de feu qui joint le point dangereux de la fortification à l'extrémité de l'épaulement; mais il est évident que cette règle, qui peut être vraie dans quelques cas particuliers, est en défaut le plus généralement, et que son application aveugle pourrait entraîner dans les erreurs les plus graves et les plus funestes. Il suffit, pour s'en convaincre, de jeter les yeux sur notre dessin, où l'on voit que la perpendiculaire à la ligne de feu de la demi-lune fait un angle de 33° avec la véritable direction du retour. Nous engageons donc fortement les officiers chargés du tracé d'une batterie à toujours recourir au procédé que nous avons exposé, attendu qu'il est sûr et fondé sur les vrais principes du défilement, tandis que l'autre, que rien ne justifie, est tout-à-fait contraire à l'idée même du défilement, puisqu'il donnerait souvent une direction très-oblique, lors même que l'on n'en aurait pas besoin pour se couvrir des feux d'enfilade, et que d'un autre côté il n'en préserverait pas si on les avait à craindre.

Dans l'ouvrage du comité, on indique un angle de 135°, du retour avec le côté intérieur; mais il est clair que ce tracé offre les mêmes inconvéniens que le précédent, et doit être rejeté.

Nous avons joint à notre dessin le moyen de mesurer la distance d'un point à un autre point inaccessible d'après Vauban, et celui de trouver la capitale d'un ouvrage, quand on a la direction des deux faces.

TABLE DES MATIÈRES.

Tracé sur le terrain et exécution.

Construction des matériaux pour les revêtemens.

Batteries blindées.

Batteries en terrain varié.

Note sur le défilement.

FIN DE LA TABLE.

www.ingramcontent.com/pod-product-compliance
Ingram Content Group UK Ltd.
Pitfield, Milton Keynes, MK11 3LW, UK
UKHW020112200726
13856UKWH00002B/497